高等师范院校教师教育系列教材

陕 西 师 范 大 学 教 务 处 组 织 编 写
主任 赵 彬 副主任 党怀兴 李贵安 石 云

# 学科教育实习指南
# 通 识

**主编** 李贵安 龙宝新
**编者** 李贵安 龙宝新 李铁绳 衡旭辉

陕西师范大学出版总社有限公司

图书代号　　JC11N0709

**图书在版编目(CIP)数据**

学科教育实习指南．通识/李贵安，龙宝新主编．—西安：
陕西师范大学出版总社有限公司,2012.4(2016.1 重印)
ISBN 978 - 7 - 5613 - 5715 - 6

Ⅰ.①学…　Ⅱ.①李…②龙…　Ⅲ.①课程—教育
实习—师范大学—教材　Ⅳ.①G652.44

中国版本图书馆 CIP 数据核字(2011)第 239183 号

## 学科教育实习指南　通识

| | |
|---|---|
| 主　　编/ | 李贵安　龙宝新 |
| 责任编辑/ | 丹　丹 |
| 责任校对/ | 王红凯 |
| 封面设计/ | 安　梁 |
| 出版发行/ | 陕西师范大学出版总社有限公司 |
| | (西安市长安南路 199 号　邮编 710062) |
| 网　　址/ | http://www.snupg.com |
| 经　　销/ | 新华书店 |
| 印　　刷/ | 兴平市博闻印务有限公司 |
| 开　　本/ | 787mm×1092mm　1/16 |
| 印　　张/ | 11 |
| 字　　数/ | 162 千 |
| 版　　次/ | 2012 年 4 月第 1 版 |
| 印　　次/ | 2016 年 1 月第 2 次印刷 |
| 书　　号/ | ISBN 978 - 7 - 5613 - 5715 - 6 |
| 定　　价/ | 21.00 元 |

读者购书、书店添货或发现印刷装订问题,请与本社高教出版分社联系、调换。
电　话:(029)85303622(传真)　85307864

# 高等师范院校教师教育系列教材

## 编委会

（以姓名拼音音序为序）

| | | | | |
|---|---|---|---|---|
| 白文新 | 程鹏民 | 程世和 | 窦项东 | 傅钢善 |
| 高 明 | 葛文双 | 郭建中 | 衡旭辉 | 康喜来 |
| 雷 伟 | 李保新 | 李高峰 | 李金钢 | 李铁绳 |
| 梁志胜 | 廖道胜 | 刘 阳 | 龙宝新 | 芦康娥 |
| 罗新兵 | 马守君 | 裘国永 | 任晓伟 | 孙 凡 |
| 田建荣 | 王较过 | 王拥军 | 许加彪 | 薛金强 |
| 严 艳 | 杨承印 | 张立昌 | 张迎春 | 赵克礼 |

陕西师范大学教师教育教材建设项目立项并资助

# 序言

　　教育实习是培养师范生教育教学能力和教师职业情感的重要环节,是师范生必修的一门重要实践课程。教育实习的质量和效果,对于培养造就优秀教师和未来教育家,具有十分重要的意义。作为教育部直属师范大学,陕西师范大学历来高度重视师范生的教学实践能力提升,学校依托国家"985"教师教育优势学科创新平台建成了国内一流的教师专业能力发展中心,全面服务于免费师范生的培养。譬如在师范生实习前组织举办"免费师范生教学能力大赛",提升师范生的教学实践能力,为师范生教育实习的顺利开展奠定基础。学校以国家实施师范生免费教育为契机,认真贯彻落实《教育部关于大力推进师范生实习支教工作的意见》,努力深化实践教学改革,积极创新实践教学体制,取得了显著的教育实习工作成效。如制定和完善了《陕西师范大学免费师范生教育实习实施方案(试行)》和《陕西师范大学免费师范生教育实习经费管理办法》等系列实践教学制度;组织建立了校内和校外双重的教育实习管理机构,形成了"区域集中、分片管理、两级指导"的教育实习工作机制,确立了多学科专业混合编组与单一学科专业编组相结合的教育实习组织方式;以在陕西、青海、宁夏、甘肃、新疆、西藏等西部六省(区)开展教师教育创新实验区共建活动为依托,建立了300余个师范生教育教学实践基地;聘请了400余名具有中高级职称的中学教师为学校学科教学兼职教师,与学校学科教学论教师一起,共同承担免费师范生教育实习的指导工作,并探索了定期与不定期、实地与远程、通识与专业相结合的教育实习指导模式;组织开展了"免费师范生教学设计暨多媒体课件"展示大赛、"我的实习故事"征文大赛、"我的实习故事"摄影大赛、"我的实习故事"DV原创大赛等多样化的教育实习总结活动。可以说,我校师范生良好的综合素养和扎实的教育教学能力,受到了有关教育行政部门、实习学校师生的普遍欢迎和良好评价。

　　为进一步加强对师范生教育实习的指导,促进教育实习指导工作的规范化、系统化和科学化,学校教务处组织编写了这套面向各学科在校师范生教育实习的指导丛书,系统阐述教育实习的目的意义、任务要求、具体操作、总结反思等方面的内容。经过认真讨论,丛书书名确定为"学科教育实习指南"，以期对师范生的教育实习起到指南作用，有效提升教育实习质量。为增强丛书的实践指导性，教务处组织校内外具有丰富教育实习工作经验的学科教学教师和有关中学优秀教师一起进行丛书的编写，确保丛书如实反映教师教育和基础教育的实际需求，促进师范生教育实习质量的全面提升。

在丛书编写中，编者们紧扣师范生教育实习需求，努力追求丛书的科学、简洁、实用，力争使丛书成为师范生教育实习的良师益友。综观本套丛书，主要呈现出四个方面的特点。第一，理念新颖。编者们注意将当前基础教育课程改革的新理念和新要求融入师范生教育实习中，并积极吸纳教师教育研究的最新成果，有效提升了教育实习理论与实践工作的创新性，对于师范生教师专业能力的成长将起到积极的促进作用。第二，内容全面。丛书以教育实习的时间序列为主线，分专题对教育实习工作进行了介绍，主要包括走近实习——准备做教师，进入学校——全面了解教师，教学实习——学做合格教师，教育管理——学做教育管理者，教育调研——学做研究型教师，总结评定——争做优秀教师等六个方面，使师范生对教育实习的理论与实践有一个全面系统的了解和把握，从而对教育实习做到心中有数。第三，针对性强。丛书分学科进行编写，较好地体现了各学科教育实习的具体特性，使各学科师范生都能得到具体有效的实习指导。同时，丛书编写立足教育实习实践，积极回应教育实习一线呼声，努力解决了师生关注的一些教育实习重点和难点问题。第四，实践操作性强。丛书编写务实，对教育实习准备、教学实习、班主任工作、教育科研和实习总结等各项工作的实施程序与操作步骤给予了细致说明，并附相应实例，使师范生对教育实习工作的理解和认识形象直观，易于操作。

经过众多专家、学者和教师的共同努力，这套共15本的学科教育实习指南丛书终于付梓了，希望能对在校师范生的教育实习以及其他有志做教师同志的教学能力提升提供一定的帮助。当然，人们对教育实习理论与实践的认识是一个逐步深化的过程，丛书对教育实习的一些理论与实践问题的分析和讨论，自然还有值得讨论之处，所以敬请广大读者不吝批评指正，以期今后修订时完善。在此，我谨代表编委会对为这套丛书的编写和出版，付出辛勤劳动的各位领导、专家和同志表示衷心的感谢。

陕西师范大学　赵彬

2012 年 3 月

# 目　录

# 绪　论

# 绪　论

　　免费师范生教育作为一项备受世人瞩目的"总理工程",是新时期国家振兴教育事业,发展基础教育,增强综合国力的重要组成部分,是国家教育事业改革、教育强国战略、西部大开发国策的重要环节,是提升我国教师教育水平,推进教师教育专业化发展的重要举措。百年大计,教育为本;教育大计,教师为本。培养出一大批素质高、能力强、有潜力的未来优秀教师,造就大量教育家型教师,是我国免费师范生教育政策的基点。教师既是一个专门的行业,又属于一种实践性很强的专业人才。加强教育实践环节,优化教育实习过程,是确保免费师范生教育质量的根本保障。

　　《教育部直属师范大学师范生免费教育实施办法(试行)》(国办发〔2007〕34 号)(以下简称"《办法》")明确要求:免费师范生教育必须"强化实践教学环节,完善师范生在校期间到中小学实习半年的制度"。参加教育实习是培养免费师范生高尚师德情操、卓越教育教学能力、厚实专业功底的必经之途。与这一《办法》相配套,教育部还制定了《关于大力推进师范生实习支教工作的意见》(教师〔2007〕4 号),更进一步强调师范生教育实习的重要性。文件指出:"师范生教育实习是中小学教师培养不可或缺的重要环节。开展师范生实习支教工作是推动教师教育改革,强化师范生实践教学,提高教师培养质量的有效措施;是加强教师养成教育,引导师范生深入基层,了解国情,增强社会责任感和使命感的必要途径;是密切高师院校与中小学的联系,促进理论与实践紧密结合,更好地服务基础教育的重要纽带。"

　　教育实习是免费师范生教育的必修课程,是所有免费师范生都必须积极参与、认真修习的一门专业必修课程。根据国家要求,结合学校及师范生实际,我校特组织编写了本实习指导手册,旨在科学规范教育实习工作进程,帮助师范生迅速了解教育实习活动,进入实习生角色,更好地安排自己的教育实习活动,切实提高教育实习工作的质量。

教育实习是师范生步入教师行业前夕的入门课,是促使其转变职业角色,培育综合专业素养,形成教育实践能力与创新意识的重要渠道,是师范生专业发展中的关键环节。它既是师范生素质的集中表现,也是检验其是否适合从教的一把尺子。在教育实习中,师范生不仅能学会如何把教育理论付诸实践,如何用专业知识解决教育实践问题,还能在教育活动的亲历中熔炼实践智慧,形成教育实践所需要的专业素养和独立开展教育教学工作的能力。没有教育实习的师范教育是残缺的,不注重教育实习环节的师范教育是低效的。参与教育实习活动,在一线教育实践中完善教师专业品质,是师范生职业生涯中的一段重要历程。现在,就让我们按照一个完整教育实习的时空顺序来认识、了解和掌握教育实习。

# 一、认识教育实习

顾名思义,教育实习即"教育工作方面的实际练习",是指那些具有从事教育工作意愿并具备一定教育理论素养的人,为顺利开展教育实践活动而参加的一种实地训练活动,是师范生为了学会做教师而进行的一种以形成专业技能、角色为目标,融观察、模拟、训练、见习、试教等活动为一体的综合性教育实践活动。

## 1. 教育实习的意义

(1)教育实习是教育行业对从业人员的特殊需要

众所周知,教育行业不同于一般行业,它是一种以育人为目的的实践性行业,一种特别需要讲求工作艺术的行业。所谓"艺术性",是指教育行业的从业者即使具备了博大精深的理论素养,较高的教育认识水平、教育理解能力,仍旧无法灵活应对教育实践中的具体问题,因为真实的教育实践需要教师具有丰富多变的实践性智慧,而这些实践性智慧只有从业者通过亲身实践才能获得。换言之,作为教育行业的未来从业者,师范生仅有教育理论知识难以适应教育行业发展的特殊需要,难以在教育行业生存。教育行业需要的是灵活应对教育实践,创造性地解决教育实践问题的实践性知识,而非死板、抽象、枯燥、机械的教育理论知识。也就是说,师范生所掌握的教育理论知识只是其参加教育实践活动的前提条件、准备条件,而非充分条件、现实条件。只有把知识转化成为智慧,把理论转化成为实践能力,这些教育理论知识才可能对教师的教育活动产生实际效能。显然,这一转化是经由教育实习活动来完成的。通过参与教育实习活动,把教育知识转变为教育能力,把理论知识转变为实践性知识,是师范生步入教育行业,增强其行业胜任力的关键一步。一个没有经历教育实习环节的师范生还不能算是师范教育的完成品,最多只能算是一个半成品、一名潜在的教师。

在教育实习中,师范生能否全面提高其从教能力,顺利实现教师角色的转换,事关师范生职业发展的成败。通过教育实习,师范生与教育实践实现了零距离接触,使那些死板的教育理论知识和真实的教育情景、教育现实结合了起来,获得了解决教育问题的经验和智慧,形成了对教师角色的全面认识,其参与现实教育工作的能力也随之而增强。因此,参与教育实习活动是教育行业对师范生从业实践提出的一项根本要求。

(2)教育实习是全面提升师范生从教品质的需要

尽管教育实习的组织可能是阶段性的,譬如教育观察、教育模仿、教育见习、试教练习等,它们可能被独立出来并作为教育实习活动的独立一环来进行,但无论哪个环节,都是师范生的专业品质,如专业技能、专业意识、专业责任等的成长环境。换言之,每一个教育实习环节都是教师从教品质的培养和形成过程,尽管教育实习活动可以被划分为阶段,从教品质却难以被分割开来,它渗透于师范生教育实习活动的各个环节之中。例如,在教育实习的观察环节,师范生对长期身处教学一线的合作指导教师的教学观察不可能仅限于对其教学方式、教学事件处理策略的观察,更是对其教育态度、教育机智、教育思维、教育活动过程等的全面观察,这一观察活动必将有利于师范生各项从教品质的全面生成。再如试教环节,师范生的试教活动必定是其教学方式、教育情感、教育机智、教育思维等的综合展现和整体演练,是师范生各项知识技能的综合应用过程,也是教育实践所需要的各种教育品质在师范生身上的统一形成过程。所以,每个教育实习环节都是师范生从业品质的全面培养过程,都带有相当程度的综合性和复合性。与之相反,在其他学习活动中师范生所获得的专业品质、能力往往只局限于一个方面。如在专业课学习中师范生获得的仅仅是任教学科知识,在教育类课程学习中学到的仅仅是教育理论知识,在微格教学中学到的仅仅是一些程式化的教学技能等等。这些知识若离开了教育实习环节的整合,对师范生专业发展的实际意义便不大。

可以说,教育实习活动是师范生所有大学学习活动的聚合点和归结点,形成施教能力是师范生大学学习生活的枢纽环节。离开了这一环节,其他学习活动就可能沦为装饰品或点缀品,对师范生从教活动而言毫无裨益。

(3)教育实习是高等师范院校直接服务于基础教育的重要形式

实际上,高等师范院校大致有两种服务于基础教育的途径:其一是间接的方式,即为基础教育培养一大批优秀的未来教师,充分发挥其作为基础教育母机的功能,这是其服务于基础教育发展的根本形式和主要途径;其二是直接的方式,即以教育实习环节、社会实践或科研成果推广等为媒介直接服务于基础教育,引领中小学教育理念、教学方式、管理思路的优化和转变。在高等师范院校与基础教育学校的合作互动关系中,高等师范院校主要发挥的是引领功能而非适应功能,这种引领主要是通过其产品——师范生的专业素养来实现的。在教育实习中,每个师范生都是高等师范院校所倡导的新教育理念、教学方式、价值观念的载体,他们的试教活动也绝非简单地汲取从教经验,而是在向基层教师模仿、学习的基础上创造性地开展教育活动,不断展现师范院校培养的理论研究水平及教学改革新成就,不断将师范院校的最新教育研究成果渗透到一线教育实践中去。因此,在教育实习中,师范生教学水平的高低不仅是对高等师范院校教学质量的一次大检阅,更是其引领基础教育的教育教学管理方式转变的一个契机与纽带。在此,师范生是新的教育理念、教学方式的播种机,是高等师范院校教育研究成果的推介者,是促使高师院校与中小学之间发生良性循环的中转站。所以,教育实习的质量和水平是高等师范院校直接服务于基础教育改革与发展的重要形式,是实现二者之间相互带动的一个链环。它不仅关系到师范生的培养质量,更关系到一个国家、地区的基础教育与高师院校能否实现实质性同步发展与合作共赢。在良性互动中,高师院校的办学质量得到保证,社会效应得以彰显,学校发展空间得以拓宽,毕业生的就业竞争力得以提升。同时,基础教育学校的教学质量得以提高,教师素质得以提升,教学改革得以深化,教学理念得以更新,学校自身的发展能力不断增强。反之,在恶性循环中,不仅师范生的教育质量难以保证,而且高师院校与中小学各自的潜力难以得到充分发挥,双方各自的办学质量受到影响,二者之间的合作空间变得狭小,合作效能难以彰显。因此,教育实习的质量是关系到高师院校与中小学发展的共同问题。

总之,开展教育实习工作是推动教师教育改革,强化实践教学环节,提高未来教师培养质量的有效措施,是对师范生进行养成教育,引导他们深入基层,了解国情,增强教育责任感和使命感的必要途径,是密切高师院校与中小学的联系,促进教育理论与教育实践紧密结合,更好地服务基础教育的重要纽带。

## 2. 教育实习的目的

开展教育实习活动不仅是课内教育教学活动的延伸,更是师范生教育实践能力与综合教育素养形成的途径。教育实习活动的目的主要表现在以下几个方面。

(1)引导师范生将所学的基础理论、专业知识和基本技能付诸实践,提高其对教育知识、理论的理解水平和综合运用能力,提高其教学能力、教育能力、班级管理能力、教学研究能力等教师专业素质,使其具备从事教师职业的专业优势,增强其就业竞争力。

(2)促进师范生熟悉基础教育与国家新课程标准,了解和熟悉中学教育、教学、管理工作实际,接触基础教育改革的实际和现状,形成从事教育教学工作的初步经验,努力使自己的知识结构、能力水平与教育改革的现实需要相协调;了解教师工作及其特点,了解中小学生的心理、生理特点,积累班级管理的实践经验,增强其为基础教育服务的意识,树立教育改革观念。

(3)培育师范生对教育工作的专业情感,使其认识人民教师的光荣职责与职业使命,增强其从事教育事业的荣誉感、责任感与积极性,巩固专业思想与专业信念,升华师德情操,提高依法执教的意识与能力;促使师范生热爱教育工作,形成忠诚于人民教育事业的思想基础,激励自己尽早成为一名合格的人民教师。

(4)探索有效的教育人才培养模式,发展大学与中小学校的合作伙伴关系,建立大学与实习基地学校互相促进、共同发展、相互合作的新机制。

### 3. 教育实习的地位

正是由于教育实习担负着上述功能与重任,其在高等师范教育课程体系中才占据着非常重要的地位,是师范生专业成长不可或缺的一环。

(1)教育实习是高等师范教育教学内容的重要组成部分

教育实习担负着对师范生思想、理念与业务的综合训练任务,是促使他们消化教育理念,提高教育认识,运用教学技能,培育专业素养的核心链环,是促使他们优化知识结构、能力结构,导正教育方向,担负全面培育师德、师能、师艺、师情、教师人格的重要功能。缺少了这一环节,师范生所受的专业教育就是残缺不全的。

(2)教育实习是培养师范生专业素养的一门综合实践课程,是教师职前教育中的一门必修课

师范生接受专业教育的最终目的是要成长为一名称职的教育工作者,成长为一名教育家型的教师,而其在四年大学生活中学到的大多是专业学科知识与教育理论知识,这些知识是难以直接作用于教育实践的,只有通过教育实习使之与教育实际结合起来,才可能使师范生形成一种实际工作能力。相对于其他课程而言,该课程具有鲜明的实践性、高度的综合性和相对的集中性,是促使师范生实现把知识转化为能力、理论修养转换为工作水平,获得直接教育经验,形成教育者人格品性、专业情操、价值信念的重要渠道。

对教育实习有了以上认识之后,接下来我们需要对教育实习的流程安排、相关要求等作进一步的了解。

# 二、了解教育实习

教育实习是高师院校在教育实习基地、基础教育学校协作下开展的一项较为复杂的教育活动,涉及学校的各个部门,涉及社会的方方面面,只有在统筹规划、科学安排、整体推进的前提下才可以确保该项工作保质保量地完成。因此,师范生首先必须了解教育实习工作的一般流程及其组织管理模式。

教育实习工作进行全面回顾与总结。具体包括以下三项工作内容。

① 实习成绩评定工作

由实习基地指导教师、学院指导教师共同开展对实习生教育实习工作的全面评价。一般评定程序如下：由实习基地学校指导教师和我校指导教师共同对实习生的教学工作、班主任工作和基础教育调查研究等三项工作进行评定，在每个学生的教育实习记录簿相应位置写出评语和得分，并由实习单位填写综合评价意见，加盖实习学校公章。实习生的实习总成绩按百分制予以评定。

② 召开实习总结会议，反思教育实习心得体会

返校后一月内，各学院以实习小组为单位召开实习总结会，引导实习生在完善实习总结、调研报告的基础上系统回顾自己的教育实习状况，总结得失成败，客观评价自身教育教学工作水平，梳理教育教学经验，形成改进建议，为将来走上正式工作岗位提供经验借鉴。

③ 评优

各学院组织实习师生参加各项评优活动，如"优秀实习生"评选活动、"优秀实习小组"评选活动、"优秀指导教师"评选活动以及"优秀实习成果"评选活动等，为教育实习工作画上一个圆满的句号。

## 2. 教育实习的内容与要求

教育实习内容主要有三项，即教学工作实习、班主任工作见习和基础教育调查研习，每项工作都有不同的内容与要求。

（1）教学工作实习

教学工作实习是教育实习的主要内容，包括以下几点。

① 教材分析实习

认真研读本学科初中和高中课程标准，并分析比较本学科初中和高中不同版本的教材，熟悉中小学课程标准和教学内容，掌握如何挖掘教材的相关要领。该项实习工作的基本要求是：会透彻、准确、深入地分析至少 10 个课时的教材文本。

② 听课、说课、评课工作实习

在实习小组内经常开展相互听课和评课活动，练习说课，掌握课堂教学设计方面的相关基本理论与基本技能。该项实习工作的基本要求是：在教育实习期间，每位实习生至少要听课 20 节（以听

课记录为准),参与至少 10 次评课活动,参与至少 5 次实习小组内的说课活动。

③ 课堂教学实际工作实习

每位实习生原则上都应担任 1—2 个班级的本专业课程教学,在实习学校原任课教师的指导下,初步掌握有关备课、授课、辅导、批改作业、考试评价等教学基本环节的技能技巧;认真编写教案,掌握教案的基本规范和要求;练习制作一定数量的多媒体教学课件,掌握多媒体辅助教学的基本方法。该项实习工作的基本要求是:每位实习生在教育实习期间授课至少 20 节,其中授新课至少 10 节。

④ 教学考核与评价工作实习

积极关注中考、高考改革及其动向,初步掌握中考、高考命题的基本原则、特点和规律,掌握教学评价与考核测量方面的知识技能。该项实习工作的基本要求是:至少练习或试做 4 套(本)学科中考题、高考题,写出试题分析与研究报告 1 份。

(2)班主任工作见习

班主任工作是学校教育工作的重要内容,是培养学生集体意识、合作意识、自我管理意识,学会做人、做事的重要途径。班主任工作实习的目的是:在原任班主任指导下,学会开展班级管理活动,处理日常班务,积累创建和谐、团结、进取的班集体的经验。此项实习工作的主要内容与要求如下。

① 制订班务工作计划

同学们要积极借鉴实习中学原任班主任的管班经验,并根据中学的要求和原教学班的实际情况,制定出实习班主任工作计划,并按计划积极、有序地开展好各项班级管理工作,当好原任班主任的助手,协助其管理好实习班级。此项实习工作的基本要求是:制定实习班主任工作计划 1 份。

② 日常班务管理实习

实习生要学习和运用班主任工作的原则、内容和方法,做好班主任的日常工作,如指导学生的早读、早操、文体活动,检查教室环境卫生,批改学生周记等;深入到学生中去,做好学生思想工作,对青少年进行爱国主义教育、革命理想教育和道德教育,培育学生的集体意识;积极开展心理健康教育,帮助学生排解心理负担与困惑等。此项实习工作的基本要求是:写出班级管理工作实习总结报告 1 份。

③ 主题班会实习

主题班会、第二课堂是班级管理的日常化形式,实习生要学会组织和指导班、团、队或其他课外活动,指导、策划、开好主题班会,增强班集体的凝聚力与吸引力,使之成为凝聚全班学生的精神堡垒。此项实习工作的基本要求是:独立设计、策划 1 次科学可行、富有创意、效能显著的主题班会。

④ 个别教育工作实习

该工作主要包括两个内容:一是家访工作实习,一是转差工作实习。在实习期间,实习生要针对部分特殊学生,如学优生、单亲家庭子女、留守青少年、学业不良儿童等进行家访一次,对其进行个性化的辅导教育。同时,实习班主任还要针对班级中的学困生或学业不良学生进行有针对性的个别辅导,帮助其分析学业不良的原因,排解学习困惑,配合原任班主任、家长搞好转差工作。此项实习工作的基本要求是:写出转差案例一个,要求阐明个案学生的基本情况、产生原因、教育干预措施及转差效果等。

(3)基础教育调查研习

在实习期间,每位实习生必须结合教学实习实际、区域教育发展现状选定一个具有一定实践意义的基础教育研究课题,对其进行广泛的专题研究、分析思考、总结原因,提出解决问题的办法与对策,供学校领导与地区教育行政部门在教育决策时参考。调查的对象可以是教育教学的实际问题、学校特色办学经验、区域教育改革中的典型问题、基础教育实施现状,也可以是学生学习特点、态度、方式及其素质结构、发展水平等。此项实习工作的基本要求是:自拟题目、提纲,写出观点鲜明、富有新意、联系实际且具有针对性、可行性与科学性的基础教育调查研究报告 1 份,字数不少于5 000 字。

## 3. 教育实习的组织与管理

教育实习工作的效能取决于如何对之进行有序的组织与管理。了解整个实习工作的管理情况有助于实习生全面掌握教育实习工作的运作情况,更好地参与到教育实习工作中来。学校对教育实习的组织与管理首先是通过对实习模式的选择来实现的。

(1)实习模式

所谓实习模式,是指学校组织、开展教育实习活动的一般方式或典型形式,主要包括:对实习生的分组方式、管理方式、指导方式等。从不同的角度来划分,可有不同的教育实习模式。

从教育实习时间的安排形式来看,我国教育实习模式有分段式教育实习和集中式教育实习之分。这里主要介绍分段式教育实习。

分段式教育实习

所谓分段式教育实习,是指学校在教育实习安排上采取的是分阶段进行的做法,由此形成了师范生在学习的不同学期进行不同类型教育实习活动的模式。其中,比较典型的是三段式实习模式和四段式实习模式。

三段式实习模式是在我国较为普遍的一种教育实习模式。在该模式中,教育实习活动的"三段"是教育见习、模拟实习和试教(或顶岗实习)。从其组织形式来看,它又可以被划分为两种形式:一条龙式和循环式。一条龙式是指三个教育实习环节分别被安排在师范生学习生活的不同时期中,并按照"教育见习—模拟实习—试教(或顶岗实习)"的顺序依次进行。其中,教育见习的目的是促使师范生实现学生角色向教师角色的调适和过渡;模拟实习的目的是促使师范生初步形成教师职业能力;试教(或顶岗实习)的目的是促使师范生全方位地独立承担起教师的工作和职责,促使其全面形成教师角色。[1] 循环式是指上述三个实习环节在师范生的每个教育实习时期都要进行,并按照师范生职业能力的发展情况不断调整三种实习活动的比例,即逐渐减少见习、增加试教练习的过程。例如,在师范生学习的不同阶段都可以安排试教式实习,但在不同实习时期依次进行认识性试教、实验性试教和毕业前的顶岗实习等三种形式的教育实习活动,促使师范生实现"预备教师—学生—准教师—学生—基本合格教师"的顺利转变,不断提升师范生的教育理论认识和职业实践感悟。[2]

四段式实习模式是指将整个教育实习过程划分为四个阶段(即教育见习、模拟实习、暑期教育实习、毕业教育实习)进行实习的一种教育实习模式。该模式的特点是:它不仅重视对师范生课堂教学能力的培养,而且还将教育实习和教育调查、课外校外教育

① 陈大超、陈瑶:《主体性教育实习模式的建构》,载《辽宁师范大学学报》,2001 年第 5 期。

② 罗平:《三段式教育实习——一种新型教育实习模式》,载《雁北师院学报》(文科版),1997 年第 4 期。

实习等结合起来,充分调动了实习生参与教育实习活动的积极性和主动性,保证了其在教育实习活动中主体性的发挥。①

从空间安排方式差异角度来看,当代我国的教育实习模式可以被划分为两类:定点式实习模式和分散式实习模式。

①定点式实习模式

定点式实习模式又称集中实习模式,其主要方式是实习生的所有教育实习活动都安排在学校的教育实习基地或定点学校进行。实习生相对集中、实习场所相对固定是该实习模式的两大特征。这一实习模式有许多变化形式,如集中定点实习、校内集中模拟实习、全程基地实习等。

集中定点实习模式是我国的传统教育实习模式,其做法是在规定的实习时间内经过校内试讲后,将实习生一次或分批相对集中地安排到若干所固定的中学实习。其优点是:便于学校对实习生进行集中管理、协调指导,学生安全问题容易得到保证,便于实现教育实习工作的程序化和规范化;其缺点是由于实习场所集中,实习学校的教学班级难以保证,师范生的教育实习机会较少。

校内集中模拟实习是指在高师院校校内进行的一种教育实习模式,其做法是让参与实习的师范生模拟中小学的教育教学情景并进行教育教学技能方面的演练,开展试讲活动,进行微格教学实践。在整个过程中,所有实习生既当教师又当学生,既当实习生又当教学活动评论员。其优点是便于实习生从不同角度对教学活动进行观察、模仿、演练,有利于增强实习生的教学技能和教学反思能力;不足之处是教学活动的真实性差,不利于培养学生应对真实教育问题的能力。

全程基地实习模式的做法是:以实习基地建设为基础,将所有教育实习活动都安排在教育实习基地上进行,以建立实习基地与高师院校之间的合作伙伴式关系为纽带,促使教育实习活动顺利进行。该模式的核心是组建一个由师范院校、实习生、基地学校的合作导师三方共同参与、鼎力合作的教育实习组织,努力实现"以师范院校为主体的运行层面、以实习生为主体的运行层面和以实习基地为主体的运行层面"三者间的动态结合。其中,以师范院校为主体的运行层面的主要任务是结合教育学学科内容,统筹安排

---

① 黄兆信:《新世纪高师教育实习模式的构建与实践》,载《中国高教研究》,2003 年第 1 期。

师范生的各种教育实习活动,如教育见习、模拟实习、毕业实习、微格教学、说课教学等;以实习生为主体的运行层面的主要任务是将基地学校的合作指导老师与实习生分组结对,让师范生自主与基地、导师建立联系,实现观摩、见习与实习活动一体化,充分发挥实习生在实践过程中的积极性、创造性;以实习基地为主体的运行层面的主要任务是会同教育行政部门与实习学校,建立稳定的教育实习基地,聘任实习生指导教师,促进学生、教师、师范院校和基地学校的共同发展。①

在全程基地模式中,陈文涛等人提出的"三结合、双协同"式教育实习模式最具代表性。在该模式中,"三结合"是指通过高师院校、教育行政部门、实习基地学校三者相结合的方式共建实习基地,调动地方基础教育管理者、基层学校参与高师院校人才培养活动的积极性,由此实现高等师范教育与基础教育之间的双向互动、互惠互利、优势互补;"双协同"是指由高校教师和中小学教师在充分尊重实习生主体性的前提下,协同指导实习生的教育实习工作,确保教育实习工作的质量。具体而言,"三结合"的内容包括制度规范的"三结合"、组织领导的"三结合"、评估督导的"三结合"和经费筹措的"三结合";"双协同"包括组织演练上的"双协同"、实习指导的"双协同"、实习验收的"双协同"和成绩评定的"双协同"。②

②分散式实习模式

分散式实习模式是指在教育实习地点的选择上高师院校不做统一规定,而是让师范生自己联系实习单位,充分发挥师范生在实习活动中的自主性、积极性和能动性以及自身实习资源优势,确保实习生有充足的实习机会。其常见做法是:先由学生提出实习申请,自行联系实习学校,经高师院校审核批准后双方签订《教育实习责任书》,然后再让师范生进校实习,进行各类科目的实习活动,最后由实习单位与大学共同对学生实习情况进行考核。这种模式的优点主要有:能充分发挥实习生的主动性;合作学校教师对实习生的实习指导充分,能够实现实习生与指导教师之间一对一的配

---

① 朱玉景、刘宾新:《新课程视野里的教育实习:理念与模式的嬗新》,载《巢湖学院学报》,2006 年第 6 期。

② 陈文涛、刘凯:《"三结合、双协同"教育实习模式的探索与实践》,载《南阳师范学院学报》(社会科学版),2008 年第 4 期。

置;有利于实习生的就业,使其将实习活动与找工作合二为一。①

在该模式中,西华师范大学的"双向互动、四位一体"式教育实习模式具有很强的实践意义。其基本框架是:以教育实习为纽带,以基地建设为平台,变单一的实习工作为学校与基地学校间的双向互动活动,努力实现实习、教研、招生、就业四位一体的一种教育实习模式。其中,"双向互动"是指高师院校与实习基地之间的双向互动,具体方式是:以实习为纽带,以学生"进口旺,出口畅"为目标,本着"资源共享,互惠互利,优势互补,共同发展"的原则,与基地学校建立人才供需关系,形成"输送—培养—反馈"循环网;"四位一体"是指实习、教研、招生、就业的四位一体,具体方式是:以学科教育、科研课题为纽带,以省级培训机构和科研中心为平台,本着合作、互惠的原则,按照"专家引领,项目带动,以研促训,形成成果,推广应用"的思路,围绕课题研究促进基地学校教师的职后发展,努力实现实习工作与招生宣传的融为一体。②

从实习小组内的学科配置方式来看,教育实习有学科组队式实习模式与混合编队式实习模式之分。

①学科组队式实习模式

学科组队式教育实习是将实习生按照其专业或班级分为若干实习小组,并由专业指导教师带队,采用相对集中的方式在实习学校中开展教育实习的一种实习模式。这是一种相对传统的教育实习模式,其做法一般是:高师院校的各院系先成立教育实习领导小组,联系实习学校,然后分配实习人员,组建实习小组,最后选派带队教师,在校内进行试教后进校实习、总结评价。该模式的最大优点是:便于对实习生进行组织管理,便于开展学科专业内部的讨论、交流、相互学习,便于进行统一的质量监控等;其缺点是:由于能够满足实习要求的实习学校较少,不利于学生联系工作、解决就业问题,实习生的课堂试教机会少等。③

① 王跃光:《高师院校教育实习模式研究》,载《教育探索》,2008 年第7 期。

② 赵正、赵炳美、刘晓彬:《"双向互动、四位一体"教育实习模式的构建与实践》,载《大学·研究与评价》,2008 年第10 期。

③ 魏艳:《我国高师院校地理教育实习模式研究》,四川师范大学出版社2007 年版。

②混合编队式实习模式

混合编队式实习模式是指由高师院校若干个系（或专业）的实习生组成一支具有一定数量的、学科结构与实习学校学科结构相匹配的实习队，到基础教育学校去同时开展各门学科教育实习工作的一种教育实习模式。这种模式的最大优势是：能够保证每个实习生都有充足的实习机会，便于实习队合作指导一个班级的教育教学活动，能够使实习生获得全面的锻炼，其对实习学校教学工作的冲击范围也较小；其缺点是：实习生之间由于专业差异可能会导致其专业交流的机会减少，不便对实习生进行统一标准的评价，不便于高师院校对实习生实行专业化指导。[①]

在实践中，上述单一性教育实习模式比较少见，比较常见的实习模式是上述各单一实习模式在交叉复合、综合利用、科学配置基础上形成的复合式教育实习模式。在此，我们仅举几例。

①单科集中定点式实习模式

这是最为传统的一种教育实习模式，是由学科组队模式与定点式实习模式复合而成的。其具体方式是：高师院校把同一专业或院校的学生编成一个实习小组，然后集中到1—2所指定实习学校或实习基地学校集中开展教育实习活动的模式。

②多学科混合编队集中定点式实习模式

这是较为合理的一种教育实习模式，是混编式、定点式、集中式等实习模式复合而成的一种模式。其做法是：组织一支学科结构搭配合理的实习小组集中到实习基地学校进行集中实习。该模式的产生实现了对单一教育实习模式优点的有机整合，较能体现当代教育工作及实习学校对高师院校实习工作的需要。

我校主要采取多学科混合编组为主、单一学科编组为辅的集中教育实习模式。每个实习基地安排一个实习小组，多学科混合编组实习小组由3—4个专业组成，人数一般控制在10—15人；单一学科编组的实习小组，人数一般控制在10人左右。在实习管理体制上，学校实施"区域集中，分片管理，两级指导"的教育实习管理体制。原则上，每个或几个区、县较集中的区域，具体由一个学院牵头，负责安排实习指导教师。实行实习指导教师通识指导与学科教学论教师专业巡回指导有机结合的两级指导模式。学校原

---

① 张伟坤：《"混合编队"教育实习新模式的探索与实践》，载《韶关学院学报·社会科学》，2007年第10期。

则上不允许学生进行散点实习,确因特殊情况不能参加集中实习者,须由本人提前申请并提交相关书面材料,经学院严格审核,教务处审批后,方可进行。

（2）实习管理

在实习管理上,学校成立免费师范生教育实习工作领导小组,确保免费师范生教育实习工作正常、有序、有效地进行。学校教育实习领导小组的基本构成如下。

组　　长:由主管教学工作的副校长担任

成　　员:由教务处、学生处、公安处、财务处等相关职能处室的主要负责人以及各专业学院主管教学工作的副院长组成

秘　　书:由教务处教学科科长、主管教育实习工作的科员担任

同时,学校还要健全基层教育实习领导组织,各专业学院成立××学院免费师范生教育实习工作领导小组,全面负责本学院免费师范生教育实习工作的具体组织和实施工作,其一般构成如下。

组　　长:由学院院长担任

副组长:由学院主管教学工作的副院长、主管学生工作的副书记担任

成　　员：由实习指导教师、课程与教学论教师、负责教师技能训练的教师以及学生辅导员与教学秘书等组成

秘　　书(实习工作信息联络员):一般由学院教学秘书担任

在教育实习过程中,如遇到特殊问题,一般按照以上组织机构,逐级上报解决。遇到重大实习问题,由各级实习工作领导小组召开联席会议解决。

（3）实习职责

在教育实习组织中,学校相关管理机构,如教务处、学生处、公安处、财务处及实习基地学校等,都担负着一定的管理与服务职责。相对而言,实习生明确自己的职责最为根本,它是各部门更好地履行其职责的基础和前提。在此,主要介绍实习组长与师生的职责。

**实习小组组长职责**

① 在双导师(即大学指导教师与实习学校指导教师)的领导下,督促实习小组成员完成实习计划,传达和贯彻实习领导小组的要求,反映组内实习生对实习工作的意见和建议,及时上情下达、下情上传,协助指导教师组织实习生开展集体备课、相互评课、互相听课与说课演练等活动。

② 关心组内实习生的工作、思想、生活、健康,引导大家互相帮助,团结一致,共同克服困难,搞好实习工作。

③ 主持实习小组会议,组织各类专业学习活动,记录、总结小组实习工作进展情况与经验。

④ 检查组内实习生对学校相关教育实习工作规定、实习计划的执行情况,并及时向指导教师、学院实习领导小组汇报工作开展情况及存在的问题。

⑤ 组织本组实习生进行实习总结、评比和经验交流活动。

**实习生职责**

① 认真参与实习活动。在实习学校,实习生具有双重身份,既是大学的学生,又是基地学校的实习教师,因此必须摆正自己的身份。在教育实习过程中,实习生要积极主动,待人热情,认真负责,虚心求教,为人师表,严格遵守实习生守则,及时圆满完成实习任务。

② 遵守实习学校的工作纪律与师德规范。实习生要认真学习、领会、执行实习学校的工作制度、规范与纪律,不能私自组织除实习活动之外的各类集体活动,需要时须向学校领导提出申请,获得允许后方可开展。实习期间,实习生不得擅自离开实习工作岗位,一般不允许请事假,以免影响学校正常教育教学秩序。请病假须持有医生证明,并经实习学校与带队教师批准后方可休假。确实因为特殊情况需要请假的,一天内(含一天)须由学校带队教师审批并经实习学校同意;一天以上要由学院实习领导小组批准,并报经实习学校领导批准同意后方可请假。实习期间,要严格遵守教师职业道德规范与《教育法》《教师法》,谨言慎行,给学生作出表率。

③ 负责好自身的人身、财物、饮食安全,一般在实习学校内食宿,不得随意在校外租房居住。

## 4. 教育实习的质量与保证

教育实习工作的质量与效果是整个实习活动的关键问题。为了确保教育实习工作的质量标准,学校专门成立了教育实习工作督察小组,由学校免费师范生教育实习工作领导小组负责组建,定期到各实习点开展巡回检查。教育实习工作督察小组的主要成员是学校教学督导委员会成员及实习指导教师,其主要督察内容有以下各项。

① 实习开始前,主要督察实习生是否按照规定时间上岗,督察实习基地学校对实习生食宿、生活的安排情况,是否为实习生搭配了优秀的专业指导教师,是否为实习生提供了基本的学习与工作条件。

② 教育实习过程中,主要通过定期走访实习学校,与实习学校领导、指导教师、实习学生开展工作座谈等,了解实习生的实习情况,及时向教务处及学校教育实习工作领导小组反映情况,发现问题及时处理。

③ 教育实习结束时,集中收集实习学校、实习生、指导教师对教育实习工作的意见与建议,督察实习生是否安全、准时返校。

# 专题一

## 实习准备篇

良好的开端是成功的一半。教育实习始于实习准备,充分的准备是整个实习工作有条不紊地展开的前提条件。在教育实习开始之前应该做好哪些方面的准备才叫充分,如何入手做好实习准备,是实习生在实习之前的第一课。所谓实习准备,是指实习生在教育实习开始之前要做的身心、仪态、知能等方面的准备工作。实习准备可从以下几个方面进行:仪表准备、心理准备、能力准备和生活准备,并且要做好实习计划。

# 一、仪表准备

教师是一种具有很强示范性、表率性的职业,为人师表是教师的基本内涵。"德高为师,身正为范"。用良好的师德风范来武装自己、装扮自己,使自己具有教师的形象是实习生从教之前的第一课。所谓仪表,是指一个人气质的外在表现,教师仪表是指教师在职业道德的支配下所表现出来的举止风范和行为特征的总和。教师职业是神圣的,它需要从业者具有神圣、美丽、高洁的仪表形象,教师仪表本身就是一种教育学生的力量与教材。这要求教师做到衣着整洁、大方、得体,语言健康文明,教态自然幽雅,作风雅而不俗。塑造高雅仪表形象,实习生需要从以下几方面努力。

## 1. 注意穿着打扮

在实习之前,实习生要精心选择、准备自己的服装,服装不一定要多么时髦、新潮、时尚,不一定要追求名贵、高档,但一定要达到三个基本要求:整洁、得体、高雅。男同学最好要准备一套比较正式的服装,如西服等,女同学最好要准备一套素雅、正式的服装,如套装等。在穿着上,大家要尽可能穿得严肃、端庄、大方,给学生留下既朴素无华又美观大方的良好印象。就其基本原则来看有两个:一个是要有利于个人形象美化。正如孔子所言,"人不可以不饰,不饰无貌,无貌不敬,不敬无礼,无礼不立"。讲究外在穿戴衣饰是教师遵循职业道德、职业行为规范的要求,是教师尊重学生、爱岗敬业的体现。另一个是要有利于教育教学工作的展开。教师的衣着既是其身体保暖的需要,也是其做好教育工作的手段,因为教师的衣着时刻在对学生产生着潜移默化、示范暗示的作用。实习生通过打扮来创造出一种端庄、严谨、富有活力的形象,是其搞好教育工作的有力辅助。在打扮上,一定要考虑到自己的职业、年龄、性别、身材与身份,严格遵循"TPO"原则,即适应时间(Time)、适应场合(Place)和适应对象(Object),努力为同事及学生树立一种自然、大方、端庄的形象。穿着打扮不宜过分苛求标新立异、独出心裁,甚至矫揉造作、故弄玄虚,以免影响学生心目中教育者的人格形象。男同学注意不能留胡子、蓄长发,女同学不能化浓妆,尽可能使自己的打扮越自然越真实越好,尽可能形成一种"清水出芙蓉,天然去雕饰"的自然美感。

## 2. 注意自己的语言

教师既要注重容貌、衣着与打扮,又要注意自己的谈吐和举止。身为教师,其言行应该是健康、规范的,在词汇运用上要选用高雅、温馨的词汇,在语气上要平静温和、生动形象、幽默风趣、温文尔雅,给人以亲近感与温和感。在表达方式上,教师语言要追求热情、诚恳、含蓄、幽默,富于激励性、启发性与感召力。恰当的语言是教师内心世界的一种流露,是教师高尚思想情操的一种展示,它能激发学生的兴致、灵感,启迪学生的智慧、思维,让学生在教师的教学语言魅力中感受到鼓舞、震撼与熏陶。教学语言既是教师教学的媒介与手段,更是教师高尚人格的体现。为此,实习生在实习之前必须专门进行教学语言训练,自觉摈弃不雅、不当的日常语言,净化自己的生活语言,锻炼自己的教学语言,使之符合教师职业的语言标准。

## 3. 注意自己的行为

在学生面前,教师的行为要端庄,要讲究文明礼貌,给人以有修养、有内涵的感觉,赢得学生的欢迎和爱戴,让学生从中受到感染。教师的举止要有风度,待人处事要落落大方、举止优美、言行一致、表里如一,对学生产生潜移默化的影响。要达到这一要求,实习生在实习之前必须对自己的日常言行进行一次检查,看其是否符合为人师的标准,发现自己行为举止的误区,适当改变自己言行中流露出来的"学生气",从改变自己的日常行为入手来塑造自己作为教师的形象。

# 二、心理准备

除了仪表准备之外,在教育实习开始之前的又一重要准备是心理准备,它涉及许多方面,需要实习生自觉地调整自己的心态、调适自己的心理。

## 1. 沟通准备

教育活动实质上是一项人际交流活动,与领导沟通、与同事沟通、与学生沟通、与家长沟通等等是教师工作的日常内容,善于与人沟通是教师必备的一项素质。为此,实习生要做好以下几点:与人交流要不卑不亢,既不贬低自己也不自傲,给人以有礼有节、有尺有度的感觉;要积极和指导教师、实习小组成员、实习学校师生交流,与人交往顾全大局,不计较个人利益,积极融入新集体中;要勇于表达自己的正当要求,对于别人的误解要寻求时机及时解释,对于工作中所受到的委屈要用恰当的方式让指导教师、实习学校领导知悉,遇事不要意气用事,要戒骄戒躁,沉稳自如地应对;与人为善,待人以诚,严于律己,宽以待人,要有胸怀,得饶人处且饶人,有宽容之心,给人以信任感;对待实习小组内的同学要友爱、尊重,对待指导教师要尊敬、谦虚,对待实习学校领导要谦恭、得体,对待学生要和蔼、亲切,努力赢得周围人的尊重、信任、支持,为实习活动创造一种宽松的人际氛围与心理环境。

## 2. 心态准备

实习工作是一项艰巨而又严肃的工作,绝非儿戏,它牵涉到学生的健康成长与成熟,不可敷衍了事,更不可将之视为一种消遣方式。实习活动不是完成学校交代的一项任务,也不仅仅是为了顺利毕业,而是为自己的教师生涯作好充分、全面的准备,努力使自己尽快成为一名称职、优秀、社会满意的人民教师。教育实习是对师范生的一场人生磨炼,是专业成长的关键一环,关系到师范生未来的教育生涯,关系到师范生未来能否在教育岗位上立足。省掉了这一环节,教师职前教育的质量就难以保证。因此,师范生若没有吃苦的精神、拼搏的劲头、学习的意识、认真负责的态度,其专业素养不可能在实习中获得迅速发展。在实习中,一定要不怕辛苦,不怕吃亏,不怕磨难,不拈轻怕重,要抱着接受磨炼的心态去对待实习,要把实习看做大学四年生活中最具挑战性的一环。在实习过程中,实习生肯定会遇到一些自己难以解决、意想不到的困难和问题,此时一定要做到不逃避,不浮躁,不怨天尤人,而应积极向同学和老师请教。他们一定会帮你找到合理、对路的解决方式,最终走出难关。

同时,实习生要清楚地了解中学生的心理特点,积极准备,为创造一种适合中学阶段心理特点的教学方式而努力。中学阶段是一个独特的人生阶段,在中学生当中存在着一些令教师、家长都头疼的心理现象,如迷惘心理、厌学心理、天不怕地不怕的心态、自高自大的心态、对师长没有敬畏感的心态等等。这些心理现象成为对其进行教育教学的主要障碍。在实习开始之前,实习生应该阅读一些中学生的典型案例,实际了解体验中学生的心理特征,对他们的性格特征、心理缺陷与优势尽可能做到了如指掌,为将来对之进行科学施教提供心理学支撑。

# 三、能力准备

对教育实习而言,实习生要做的主要准备要算能力准备了。在实习前夕,首先应该准备的是教学技能。实习生应该积极参与教学技能比赛、微格教学训练、模拟课堂训练、教学设计大赛、三笔字大赛等活动,不断提高自己的教学设计技能、讲授技能、课堂鉴赏能力等教学基本功,努力达到"四会"目标:会备课、会讲课、会听课、会评课,为顺利适应实习工作提供准备。

在需要准备的能力中,最重要的两种能力是教学设计能力与课堂讲授能力。对于前者而言,实习生要做好以下三方面的准备工作:一是做好对相关教学资源、备课资料(如《课程标准》、教学设计案例、课本教材、备课工具书、参考教案、优秀教学课件等)的收集工作。二是要对教学设计的基本理论加以涉猎,尤其是一些教学设计常识、设计策略、设计思路要有所了解,掌握教学设计的一般套路,以期进入实习岗位后尽快进入实习教师角色。三是要对教学目标设计、教学过程设计、教学媒体设计、教学板书设计等技能进行专项训练,达到对其深入了解。对于后者,实习生要围绕具体教学做好四方面的准备工作:一是要收集优秀一线教师授课视频,多欣赏,多思考,从中积累优秀教师的成功授课经验,站在高起点上思考自己的教学工作。二是要走访部分中小学,亲临课堂教学情境来获得现场教学经验,积累处理、应对课堂教学问题的相关知识,弥补个人经验不足的缺陷。三是要及时和以前的中小学任课教师联系,请教他们在教育实习中的注意事项,对教育实习中可能会遇到的困难心中有数、提前准备。四是要尽量利用暑假时间,积极参与社会实践、教育下乡活动,争取更多的见习、热身机会,加深对中小学教育教学工作的理解与认识。

# 四、生活准备

一般而言,实习学校与大学校园的生活有所不同,实习生在实习之前必须对实习学校的生活情况有所了解,以便更好地准备相关生活用品,防止出现进入实习学校后手忙脚乱、临时抱佛脚现象的发生。为了更好地做好生活方面的准备,实习生应该从以下几方面入手。

## 1. 了解实习学校所在地的风土人情、气候特点

在实习之前,要通过上网查询、打听同学等方式来了解实习学

校所在地的风土人情、气候特点、经济状况等,并据此做好生活准备。譬如,如果实习地点气温偏低,实习时要多带衣服;如果实习地是少数民族聚集地,就要了解该民族的相关忌讳;如果实习地是山区,就要提前了解交通工具;如果实习地是高寒、高原地带,就要做好相关方面的身体准备等等。

### 2. 了解实习学校的生活食宿情况

实习生要以小组为单位,提前与实习学校取得联系,询问其对实习生的食宿安排情况。一定要弄清楚是否安排住宿,是否需要自带被褥,是否需要个人自带电脑,在学校附近购买生活用品,如脸盆、牙膏牙刷等是否便利……在了解了这些情况之后,实习生就可以有选择地携带生活用品,免得给行程加重负担。

### 3. 了解乘车线路

要提前了解去实习地的路途,搞清楚交通工具、乘车车次、换乘路线、票源情况、客流状况,在必要的情况下要提前订票,以防错过出发时间,造成不必要的麻烦。

# 五、实习计划

在上述各方面准备工作落实之后,要着手撰写教育实习计划,对本人本次教育实习做全面的安排与筹划。教育实习计划主要包括以下内容。

### 1. 教育实习的目的和任务

主要阐明通过教育实习,实习生在教育认识、教学能力、教育情感等方面预期达到的水平。

### 2. 实习学校的校情分析

主要了解实习学校在教育教学方面的特色与优势,分析其为自己的教育实习工作带来了哪些挑战与机遇。

### 3. 教育实习的内容与重点

分别阐明自己在教学工作实习、班主任工作见习、教育调查研习等方面的主要内容,并根据自身状况与实习要求确定好教育实习的重点。

## 4. 教育实习的阶段性安排

主要说明自己在不同实习阶段,如准备阶段、实习阶段、总结阶段要完成的主要工作及其具体安排,并简要说明在该阶段要达到的具体质量要求。

## 5. 教育实习中的注意事项

主要说明自己在教育实习中需要特别注意的问题和事项。

# 专题二

## 入校见习篇

经过了一段时间的准备之后,实习生就要进入实习学校,充实而又紧张的教育实习工作便由此开始了！入校后的第一项实习活动是教育教学见习,它包括多个环节和方面。通过教育教学见习活动,实习生能够深入了解实习学校教育教学活动的节奏与特色,了解学校的情况,进而融入到这个新的教育集体中来。实习的主要环节如下。

# 一、预先接洽

在正式启程、准备前往实习学校之前,实习小组应该派代表提前与实习学校取得联系。这既是出于礼貌的需要,又是方便实习学校提前做好接待实习生入校的需要。在预先接洽时,实习生应该注意以下几方面。

## 1. 注意联系人的选择

一般情况下,与实习学校接洽的人应该是实习小组组长,但在特殊情况下,可以重新确定人选,以便于工作顺利开展。譬如,如果实习小组组长不善于沟通,可以从小组中选择善于沟通的同学负责联系;如果小组中有同学非常熟悉实习学校的领导或教师,或曾经是该校的毕业生,最好由该同学担任接洽人。充分利用人脉关系,确保联系工作顺利进行,是与实习学校进行接洽时的重要问题之一。

## 2. 慎选实习学校校方联系人

到底给实习学校的哪位领导打电话比较合适,这是一个需要讲求艺术的问题。在实习学校没有确定实习工作联系人、负责人的情况下,一般先和学校校长联系,再和校长商量同学校哪位基层领导联系;在学校确定了直接联系人后,可以直接和实习学校联系人联系。

### 3. 选择合适的时机进行联系

中学教师工作繁忙,一般带课较多,如果联系时间不恰当的话容易影响他们的正常教育教学工作,引起对方反感。为此,在选择联系时机时,一般要避开教师的上课时间和晚上休息时间,以免打扰对方正常的工作与生活。

### 4. 优选联系方式

与实习学校联系有多种方式,可以打电话、写信函、发 E-mail 和手机短信等等。在开始联系时尽可能要先用短信,然后征求联系方式,如果对方说可以打电话,就可以直接用电话联系。在联系时切忌直入主题,以便为对方留下足够思考的时间。在通话之前,最好先拟定一个提纲,以免语无伦次,浪费对方时间。

### 5. 注意言辞和礼貌

在联系时,要尽量做到谈吐得体、礼貌谦虚、注意礼节,防止给人留下粗枝大叶、马马虎虎的印象,影响后续实习工作的展开。在言谈中,一定要注意尊重对方,注意言辞,以争取对方配合;与校方谈话,切不可盛气凌人,甚至表现出不可一世、藐视校方的神态,以免影响教育实习工作的实质性推进。

### 6. 简要说明实习目的、计划与基本工作条件要求

从某种意义说,基地学校有不接纳实习生的权利与自由,实习生与实习学校之间不存在平等对话的条件,基地学校没有为实习生提供实习条件的义务。因此,争取基地学校的支持、配合、关心是实习生预先联系工作的主要任务。在联系时及时表明本次教育实习的目的、意义,简要阐明整个实习工作的计划,以及打算为实习学校提供的教育服务、实习工作对实习学校发展的积极意义等,是确保联系工作达到预期目的的策略。

# 二、进入学校

在征得实习学校同意之后,实习生要按照约定时间,在学校实习指导教师的带领下,按期进入实习学校,走上工作岗位。在正式进入实习学校之前,一般要经过两个环节。

## 1.提前踩点

到达实习地之后,一般不要立即和实习学校相关领导或负责人联系,而要先行一步,提前到实习学校进行踩点,在了解学校大致位置及教育教学情况后再和实习学校指定的联系人沟通、接洽。提前踩点一般由实习指导教师与实习小组组长来负责,其主要任务有两个:把握实习小组进校的最佳时机和再次征得实习学校的同意。学校是一个育人的场所,是一个有严格来访者接待制度的机构,实习生随随便便出入学校是欠妥的。所以,预先踩点的好处有以下三个。

(1)可以避免所有实习小组成员同时造访给实习学校工作带来慌乱和紧张,影响实习学校的正常工作秩序,引起实习学校反感。

(2)可以给实习学校提供充分的接受实习生的准备时间,确保各项实习工作在安排妥当后顺利展开。

(3)在入校之前再征得实习学校领导同意,可以体现出对实习学校的尊重与礼貌,能够赢得实习学校的好感和赞赏。

经过预先踩点,实习学校做好了充分的接待实习生的准备,整个实习小组就可以正式进入实习学校了。

## 2.正式进校

正式进入实习学校是实习生给学校师生建立第一印象的重要时刻,因此,要注意细节问题,以防对后续教育实习工作造成障碍。正式入校时,要注意以下几个问题。

(1)着装整洁、高雅,不穿奇装异服,做到简洁、明快、含蓄、素雅,给师生创造一种为人师表的好形象。

(2)注意走姿,不要歪歪扭扭,东张西望,交头接耳,尤其是不

要对学校的一些人、事、物随意指指点点;

（3）对实习学校学生的敬礼、教师的问好,要礼貌地予以回应,对学生要点头还礼,对教师要谦恭地打招呼,对领导要尊重,注意有选择、有分寸地提问,清楚什么问题该问,什么问题不该问。

（4）注意记住入校路线,对学校整体布局要有大体了解,对学校的主要建筑物,如教学楼、宿舍楼、办公楼、实验楼等要记住大概方位,对厕所、医院、餐厅等生活场所心中有数。

（5）及时记下联系老师的手机号码,以便遇到突发问题时联系。

在实习学校安排好食宿后,实习生必须抓紧时间熟悉学校的相关情况,尽可能在短时间内适应新的工作学习环境。在入校后的头几天里,实习生要做的主要工作有以下几点。

（1）和实习学校指导教师联系,及时到办公室拜访,倾听他们对实习工作的要求、指导与建议,及时联系学校安排的见习听课班级、教育教学实习班级以及实习班级班主任,尽快开始实习工作,进入工作状态。

（2）尽快熟悉学校周边环境、交通状况,熟悉学校的生活环境、工作环境,尽快融入新环境。

（3）了解学校的教育教学工作情况,尤其是要了解学校对教师上课、备课、听课等方面的常规性要求,必要时可向实习学校索要其工作制度汇编,在实习小组内开展专项学习活动,要求所有组员严格遵守实习学校对教师的各项规章。

（4）及时召开实习小组会议,根据学校的实际情况合理调整实习计划,以适应实习学校教育教学工作全局的要求。

（5）了解学校的办学条件,尤其要对学校教学资源、实验设备、教具仪器等的配备情况、存放位置、借用程序、申领要求等提前了解清楚,以便在教学时随时使用或借用。

# 三、观摩听课

在教育教学见习阶段,观摩、听课活动是其主要内容。根据实习学校安排,有选择地进入课堂聆听有经验的教师讲课,现场观摩优秀教师的课堂教学活动,是实习生熟悉学校教育教学工作节奏与常规,积累教育教学经验的主要途径。

## 1.教学观摩

学习始于感性经验的积累与获得,教学观摩是实习生深入课堂教学内容,感受教学活动过程,获得从教常识,了解教学实践现实走向的必经之途。

（1）教学观摩对实习生专业发展的重要意义

所谓教学观摩,是指教师为了提高教学水平,促进教学质量整体提高而开展的一种深入课堂教学情境的观察、揣摩、研讨、互学活动。教学活动是一种需要常变常新的实践艺术,离不开经常化的学习观摩活动。教学观摩活动是服务于教师专业发展与成长的重要教学实践活动,是教师之间相互学习、取长补短、共同提高的重要渠道。实习生要深入了解教学,学会相关教学技能,就必须从教学观摩开始。教学观摩活动的基本组织形式是由一位具有一定教学造诣的教师担任主讲教师,其他教师作为听课者来聆听主讲教师的授课,通过现场学习与课后评议的方式来分享主讲教师的教学经验与教学技巧,以此达到一个教学团队教学水平整体提高的目的。

教学观摩活动的直接意义在于它是培养青年教师成长的重要渠道。主讲教师为新教师、青年教师所教授的示范课往往是最新教育理念、个人丰富经验、独特教学风格的鲜活载体,是新教师与青年教师学会教学活动的"活教材"。在参与教学观摩活动中,优秀教师、成熟教师及其所打造的优秀课程范例发挥着引领新教师、青年教师专业成长的重要功能。参与教学观摩活动是实习生在实习中必经的环节。

（2）怎样参与教学观摩

在教学实习中,教学观摩的主要对象是自己的一线指导教师,他们一般具有丰富的教育经历,取得了一定的教学成绩,在教学活动的某些方面已经形成了一定的特色和风格。对指导教师而言,课堂教学观摩的目的就是要走进他们的课堂生活,全面了解其授课艺术,积累自己开展教学活动的替代性经验。为了提高教学观摩的效果,我们可从以下几个方面做好工作。

① 提前进入课堂

教学观摩的效果与实习生对教学活动的主体、场景、过程的了解程度密切相关。为此,提前进入授课教师的教育生活世界,进入授课班级,进入授课对象群体是提高教学观摩效果的重要条件。

首先,要提前进入授课教师的教育生活世界。这就要求实习生要主动了解其教育经历,倾听他们对教学活动的理解,查阅他们的教学业绩,清楚他们的教学优势与教学风格,力求对他们有一个全面的了解。同时,还要提前向授课教师请教,以了解本节课教学中可能会面临的主要挑战有哪些,教学的预期效果如何等,获得对本课教学活动的预先感知。

其次,要提前进入课堂与学生一同听课。提前进入教室既是对授课教师的一种尊重,更是提前了解授课信息的途径。提前进入课堂后,要主动向学生了解本节课的教学进度与学生情况,明白本节课的主要教学内容与问题。同时,要和学生打成一片,和他们建立起朋友式的关系,为征询他们对授课的看法与意见创造条件。

② 全面观察课堂教学情况

在教学观摩活动中,要动用所有感官参与教学实习活动,利用眼睛、耳朵、大脑、手等感官在课堂中看、听、想、记,争取抓住授课教师对教学问题的每一个独特应对方式与处理技巧,争取对每一个教学创意、创举都有自己的思考与认识,争取对每一个教学细节都有记录,把握授课教师教学活动的全局、全程与细节。具体而言,在教学观摩中,要"看"授课教师的教态,如手势、眼神、教姿、板书、教具利用、教法使用、教学风格,要"看"学生在课堂中的表现、与教师间的互动、回答问题的方式、分析问题的思路;要"听"教师的教学语言,如语言的准确性、机智性、幽默感、表达方式的创新;要"想"授课意图、内在逻辑及其整个授课过程的合理性,要学会换位思考——"如果自己来上这节课应该怎样上",要"想"教学活动的成与败、得与失,要"想"新课程改革的理念在课堂中如何体现,要"想"教学改进的方向;要"记"下教师的精彩教学瞬间、教学机智与观摩感受,"记"下有待于与授课教师商榷的问题,"记"下自己的教学点评等。

③ 课后认真请教指导教师

教学观摩结束之后,实习生要向指导教师(即授课教师)虚心请教,针对自己不太明白的教学现象、教学方式和指导教师交流,听取他们的看法与意见。尤其是要耐心聆听授课教师的亲身感受,了解他们对本节课教学设计的独特之处,学习他们对授课教材的独特分析方式与处理方式。在交流中,要敢于提出自己的见解与看法,并请指导教师指正,不能唯唯诺诺、人云亦云,从而失去向指导教师学习的机会。

## 2. 听课

在教学观摩中,实习生要抱着学习的心态进入课堂,不仅要学习,而且还要自觉树立发展的目标,从别人的授课中汲取自己发展的营养,服务于自己的专业成长。

(1)听课及其意义

听课也称观课,是实习生直接进入课堂,聆听优秀教师的讲课过程,以此获得教学经验,改变教育认识,实现其专业发展的教学实习活动。实际上,观课才是听课的完整形式,因为在听课中不仅要听,而且要看要想,适当的时候还要问。听课是全面了解课堂教学活动,学会如何上课,如何教学的重要途径。

通过听课,同学们不仅了解了教学常规、基本教学要求,而且还能分享老教师的授课经验,学习他们的教学艺术,站在老教师教学水平的基础上来思考教学问题,开始教学活动生涯,高屋建瓴地开始自己的教学活动。从某种意义上说,实习生每听一节课都会有所体会,有所长进,有所收获。边听边看、边听边想是实习生与教师切磋教艺、共同成长的重要方式。可以说,不错过学校的每一堂示范课、展示课就是不错过每一次发展、成长的机会。认真参加听课活动是实习生的基本职责。

(2)怎样听课

要听好一节课,应该在三个环节上下工夫,它们分别是课前、课中与课后。

① 课前:有备而来

在听课前,要做好以下三项准备工作。

首先是心理准备。听课前,要对听课目的、听课任务、听课重点了如指掌,最好是带着问题进入课堂,带着学习的心态走进教室,确保听课后达到预期效果。

其次是资料准备。要搜集所听课程的相关资料,如新课程标准、单元教学目标等对本节课的大致要求,所听课程的教材文本,教师授课的教案与相关教学资源,以及其他教师教授本节课的教案或设计等。

最后是评价尺度准备。要对好课的标准有所了解,如目标清晰、重点突出、难点突破、学生参与、师生互动、气氛活跃、设计新颖等。这样才可能在听课中有所选择、有所判断,积极吸收授课教师的优点,摒弃其缺点。

② 课中:听看并用,手脑结合

在听课中,一定要时刻清楚自己该听什么,该怎么听,明确自己听课的内容。一般而言,在听课中要重点关注以下几方面内容。

其一,听教师的教学思路。在听课中不能东张西望,要选准一条主线去听,这条主线就是教师的教学思路。一定要在听课中迅速把握教师的教学主线与教学思路,尽可能沿着这条主线去听课,从中理出教师教学的主要设计线路,将细枝末节的内容放到一边去。这样,听课才有可能抓住要领。

其二,听教师的教学门道。在听课中,不仅要善于发现教师讲得好的方面,而且要善于用教育学、心理学的理论对之加以分析,探明它为什么好。这样,实习生在听课时才不会被表面现象所迷惑,从中悟出在自己的教学中同样可以运用的教学道理,促进自己对教师的学习,掌握要领和精髓。

其三,听教师的语言表达。教学是一门语言艺术,用恰当的方式与术语来表达授课内容是教师职业的特殊要求。在听课中要记住教师教学语言表达的三个方面:对教育问题的独特表达方式;对专业术语的运用情况;对学生学习情趣的激励方式等。对于那些表达效果好的教学语言,应该尽可能做好笔记,形成一手学习资料。

其四,看教师的教学状态。在听课中,要全面观察教师的教态、板书、教学行为、精神状态、人格魅力,以及教师对教法的选用、对学生的提问方式、对偶发事件的应对方式,还要看清教师的教学程序、教学变化、教学创新、教学环节,清楚教师驾驭教学的技能与技巧,努力在大脑中形成心理图像与主观印象,以备将来在讲课环节参考和再现,或者直接使用。

其五,看学生的教学反应。教学是一个师生双边互动过程,学生的参与及反应不仅是教学效果的直接标尺,而且是推进教学进程的动因。在听课中一定要观察教师的讲授活动在学生身上产生的反应、回应与效应,并善于洞察二者之间的内在关联,以此判断教师授课的教学效果,获得应对学生反应的教学机智。对教师教授与学生反应都进行观察是实习生听课时应有的认识。

【资料链接】　　　　　　教师该怎样听课

对教师的教学活动,听课时应该关注以下几点。

(1)课堂教学确定怎样的教学目标(学生要学习哪些知识? 学到什么程度? 情感如何?),目标在何时采用何种方式呈现。

(2)新课如何导入,包括导入时引导学生参与哪些活动。

(3)创设怎样的教学情境,结合了哪些生活实际。

(4)采用哪些教学方法和教学手段。

(5)设计了哪些教学活动步骤。如:设计了怎样的问题让学生进行探究、如何探究;安排怎样的活动让学生动手动口操练,使所学知识得以迁移巩固;设计怎样的问题或情景引导学生对新课内容和已有的知识进行整合等。

(6)使哪些知识系统化,巩固哪些知识,补充哪些知识。

(7)培养学生哪些方面的技能,达到什么地步。

(8)渗透哪些教学思想。

(9)课堂教学氛围如何。

对于学生的学习活动,听课时应该关注以下几点。

(1)学生是否在教师的引导下积极参与到学习活动中。

(2)学习活动中学生经常做出怎样的情绪反应。

(3)学生是否乐于参与思考、讨论、争辩、动手操作。

(4)学生是否经常积极主动地提出问题,等等。

(资料来源:景爱华. 浅谈新课程的听课评课,http://www. va-stman. com/Article/ jiaoxue/zonghe/9278. html,2007 – 7 – 7. )

③ 课后:模仿与反思

在听课后,实习生要在回味课堂教学活动、查阅听课记录的基础上对本节课进行一次全面的回顾与反思。通过反思探明该教师授课的优势与局限,尤其是对那些优异的教学表现与教学方式,要刻意地在课后模拟再现,努力将之铭记在心,以备在未来讲课时直接使用。同时,应该认真写出听后感,将教师授课过程中的智慧、细节、创举汇集起来,成为宝贵的学习资料。在条件允许的情况下,实习生应该把自己的看法主动和授课教师交流,征询他们的建议,向他们真诚取经,成为后续教学实习活动的基础。

(3)听课注意事项

在听课的过程中,实习生需要注意以下几个细节问题。

① 提前预约,征得授课教师或主办教研机构的同意。

② 提前进入教室,在听课教师席位就座,注意摆正自己的角

色,以学生的身份对待班里的学生,尽可能不对他们正常上课产生干扰。

③ 勿忘带上听课记录,准备随时记录教学情况及心得。

④ 坚持善始善终,不能中途退场,影响教学活动秩序。

⑤ 听课期间手机关闭或将其调为振动,不能随意讲话、与人讨论,以免影响授课教师心情。

⑥ 以欣赏的态度与授课教师交流听课心得与体会,以学习、吸收为主,对授课教师的不足、不妥之处在课后委婉地与其交流。

⑦ 听课对象不宜过分单一,尽可能对同一教研组内教师的授课都听一遍,以求吸取众多教师的智慧。

# 四、融入班级

班主任工作见习是与教学见习同步的过程,融入见习班级、班主任这个新集体中并得到他们的接纳,是班主任工作见习的直接目的。

## 1. 班主任工作见习的意义与目的

教育工作是教书与育人的统一,促使学生成人、成才是教师的两项重要使命,教师是一身兼二任——“人师”与“经师”的统一。因此,一名优秀的教师首先是一个教育工作者,其次才是一个教学的能手。德国著名教育家赫尔巴特早就指出,任何教学工作都具有教育性,对学生进行思想教育是教师工作绕不开的一个话题。换言之,教师只有先把“人”育好,其次才谈得上把“书”教好。教育工作是教学工作的基础,只有当教师帮助学生探明人生的追求与目的,树立正确的人生观与价值观,明白学习的价值与意义后,学生才可能获得不竭的学习动力,保持旺盛的求知欲与成就动机。

实际上,教书离不开育人,而且育人本身是教育工作的核心和根本目的,任何其他教育都必须建立在育人目的之上,并在育人目的完成之后才能得到有效的体现。班主任工作的意义就源自其对育人目的实现的重要性。班主任工作通过对学生的思想教育、道德教育、生活教育与价值观教育,使其懂得与人为善的重要意义,学会如何根据道德的原则、善的意图去为人处世,如何在班集体中生活,如何更好地协调好自己的人际关系,为自己的发展争得周围人支持等等,这是一个人走上幸福人生之路的基本条件。因此,从班主任工作见习中知道育人工作的重要性,了解一些育人的基本方法,是实习生必经的实践活动。

通过班主任工作见习,实习生要达到以下几个目的。

(1)认识班主任工作对学生成长、班级发展、教学工作的重要意义。

(2)掌握班主任工作的基本方法,了解班主任工作的基本节奏。

(3)把握班级管理方式改革的方向,大致了解班主任工作创新的思路。

(4)和班里的学生建立良好关系,赢得他们的认可与接纳。

## 2. 班主任工作见习的基本内容

在见习期间,实习生要对班主任工作的多个方面进行观察、摸索与思考。这些工作大致分为以下几个方面。

(1)了解班级基本情况

实习时,实习生要对班级的总体情况、个别情况进行了解,为实习期间制订针对性教育对策提供依据。

①了解实习班级、学生的基本情况,清楚班级机构的运作流程及班干部人选,清楚班集体的组织、指挥系统,与班干部建立良好的工作关系。

②全面掌握班级的学习、纪律、文艺、特长等情况,了解班级的班风及班级曾获得的相关荣誉,了解班级学生中的非正式群体以及同学们之间的关系状况。

③了解班级的特殊情况,如学困生(或“双差生”)、单亲家庭子女、流动人口子女、低保户子女等,及时了解他们对班级管理的特殊要求。

④了解班集体建设情况,包括班规、班集体凝聚力、原任班主任工作情况等。

(2)班主任工作见习的内容

见习期间,实习生不直接组织班务管理工作,其主要见习任务是初步了解班主任工作的内容、要求、方式,从直接观察原任班主任的工作中积累班级管理经验。班主任工作的所有内容构成了实习生班主任工作见习的内容,因此见习内容大致包括以下三类。

①日常班务工作见习

日常班务工作见习主要内容有:观察学生早自习或早读组织情况,参加班级的"一课三操"(即体育课、早操、课间操、眼保健操),获取观摩班级课间活动组织情况,了解当天班级课堂纪律,协助原任班主任上好本班自习课,参与本班课外活动组织,观察原任班主任处理偶发事件的方式,协助原任班主任检查学生值日工作,协助班级做好班级日志建设,聆听当天班级工作总结等。

②班级每周主要工作见习

班级每周主要工作见习主要内容有:观察班干部会召开的程式,协助指导班级定期办好墙报,与原任班主任交流班级工作情况,与班干部交流班级工作开展情况,观察原任班主任如何开展个别谈话与转差教育,观摩班会、主题班会或团(队)会的组织,观察班级一周工作总结方式等。

③班级阶段性工作见习

班级阶段性工作见习主要内容有:观摩班级体育比赛或阶段性考试的组织过程,和原任班主任一起开展参观活动,和班内学生一起参与学校安排的劳动,观摩班级节日庆祝活动开展情况,协助班内学生办好节日特刊等,观摩原任班主任如何开展家访,了解班级安全教育的内容与形式,观摩班主任工作总结方式等。

## 3. 班主任工作见习的主要方法

班主任工作见习的主要目的是深入了解学生,了解班级,这就决定了它需要借助于多种方法才能顺利进行。在此,简要介绍以下三种方法。

(1)听原任班主任介绍

原任班主任是最了解本班情况的人,及时与其交流,倾听他们的看法,是深入了解一个班级及其成员的捷径。在见习时,实习生要脚勤、手勤,自己力所能及的事情要争取自己去干,自己干不了的事情要多听听原任班主任的见解,了解他们处理棘手班级事务的一般套路。与原任班主任交流时一定要谦虚,时刻抱着学习的态度,即便是原任班主任在工作中暴露出了一些缺陷,也不能有不可一世的傲慢想法,而应善于倾听他们这样处理的缘由。

(2)多方了解

从各方面搜集本班情况,获得充分的信息资料,是深入了解一个班级的前提。在见习过程中,可以与学生交谈,向班干部了解情况,也可询问任课教师、学校领导,甚至可以查阅班级档案、班级日志等,力求获得充分、丰富的班级信息。在收集信息时,要注意区分真假,要在对各方信息进行对比参照的基础上辨明真伪,要及时排除那些虚假信息,以防对班级情况形成错误的判断。

（3）课堂观察

见习时,用眼睛直接获取班级信息是最直接、最有效、最可靠的了解班情的方法。要争取与班内学生一起上课、活动,一起学习、思考,一起开展班级各项工作,一起组织各类集体活动,让自己全身心地融入班级,以获得最为真实、直接的班级信息。在课堂上,要注意细心、认真观察每个学生的处事风格与学习情况,善于观察他们的内心世界,达到全面、深入的认识与了解。

# 五、组织研讨

在教学见习与班主任工作见习完毕之后,实习小组要及时组织工作研讨,以巩固见习效果,形成一些相对系统而又深入的教育教学工作见解与经验,为后续正式实习工作的展开打好基础,减少进入实习阶段的障碍。

## 1. 组织研讨的目的

组织工作研讨是教育经验形成的必经环节,是实习小组内共享见习工作经验,明晰自身形成的工作经验的优劣对错,形成正确的教育教学认识的必经之途。没有研讨活动,实习生可能会局限于自己感性经验与认识的圈子内,难以提高认识水平,甚至会坐井观天,难以达到预期的见习效果。可以说,没有研讨就没有提高,没有研讨的见习工作是毫无意义的。定期开展见习工作研讨是实习生树立见习所得,汲取他人经验,接受指导教师点拨,升华个人感性认识,强化教育情感的重要途径。

具体而言,在教育教学见习工作完毕后,组织小组研讨的目的有以下四个。

（1）开展阶段性工作交流,小组内汇报、共享、交流教育教学经验、体验,拓展个人见习工作经验,丰富每个实习生的教育教学认识,充分发挥实习小组的教育功能。

（2）分析个人已形成的教育教学经验的质量,评价个人经验的缺点与优势,接受指导教师与其他实习生的批评与指正,以便及时克服、校正错误,走出工作误区,形成正确、有效的教育教学经验。

（3）帮助其他实习生反馈、理解、拔高和升华教育经验,增强其内在的理性成分,促进其将教育理论与教育经验进行结合,增强其将教育经验迁移到其他工作情景中的能力,充分发挥教育经验、教育体验的效能。

（4）为指导教师传播个人教育经验提供舞台,让实习生在交流个人见习经验的同时聆听指导教师的工作经验,在相互对比、参照中获得指导教师的优秀工作经验,引导实习生在后续工作中学会如何去观察学生,了解课堂,形成优质高效的教育教学经验。

## 2. 组织研讨中应注意的问题

为了确保组织研讨的质量,实习小组在开展研讨时要关注以下几点。

（1）研讨之前要提前和实习学校相关领导联系,征得学校的同意,争取学校的支持,在条件允许情况下可以请求学校指派相关教师参加研讨会议。要提前和指导教师联系,选择在他们没课的时间召开会议。

（2）实习小组组长要精心策划、科学组织、形成议程,确保所有实习生都发言,给实习指导教师提供充分的点评机会,力争把整个会议安排得紧凑有序。同时要安排专人做好会议记录,必要的时候要撰写新闻稿件,形成实习工作素材,最终上报学院实习工作领导小组。

（3）注意会议气氛的控制,要倡导民主、公正、客观、批评与自我批评相结合的发言原则,让每位实习生畅所欲言,说出自己的真实想法,努力形成一种和谐、和气、踊跃的会议氛围。讨论个人观点时,要坚持对事不对人的原则,以提出建设性建议为宗旨,让整个研讨成为一次公平民主的"对话",而非派别之争式的"辩论"。

（4）注意话题的引导与控制。一旦出现偏离实习工作主题的话题,主持人要及时予以制止或引导,力争将发言控制在工作研讨的范围内,一些与工作关联度不大的话题可以会后讨论。

（5）要为指导教师介绍个人工作经验提供专门时间,尽可能用指导教师成熟、优秀的教育教学经验来引导实习生工作经验的形成与发展方向。

（6）在研讨会结束后,实习小组要注重礼仪,欢送指导教师走出会议室,向他们致敬或表达谢意。之后,组长要对实习小组见习情况进行简单小结,收集实习生对见习工作的经验,提出改进方向。在组长正式宣布研讨会结束后方可解散,然后有序走出会议室,不可一窝蜂地涌出会议室。

# 六、反思小结

在整个教育教学见习工作结束后,每位实习生要进行阶段性的反思与小结,对见习工作经验进行梳理、反思、回顾,提高见习工作的质量。反思见习工作对于整个教育实习工作而言非常必要:一方面,它可以促使实习生对自己的教育教学经验进行全面、全程、深刻反思,从而形成相对系统的教育教学工作经验,为后续工作的开展奠定坚实基础;另一方面,可以促使实习生在总结个人经验,汲取他人经验中改造个人经验,形成对教育教学工作改革创新有启示的新观点与新认识。为此,要从以下三方面着手开展对教育教学见习工作的反思与小结活动。

## 1. 进行有准备的反思小结

要提高对反思小结工作重要性的认识,要始终带着批判与创新的意识,带着有准备的头脑来自觉反思课堂教学工作经验与班主任工作经验。在反思之前,应该系统查阅自己在见习工作中形成的相关素材、资料,尤其是要查阅自己的听课观摩记录、感想,查阅自己与班级学生、原任班主任交流后的体会与感受,以及参与各项教育教学活动后形成的认识与想法等。只有这样,才可能把反思小结建立在坚实的个人经历基础之上,反思小结的深度才有保证。

## 2. 进行全面的反思小结

在反思中,要坚持从多个角度对整个见习工作进行全面、系统的反思。从结构上看,既要反思班主任工作的经验与认识,又要反思教学工作见习中的经验与认识;从反思角度上看,既要反思自己对教育教学工作的认识,又要反思别人对自己教育教学工作的评价与看法;从方式上来讲,既可利用每日见习经验汇总方式进行反思小结,也可以利用撰写见习体会报告的方式进行反思小结;从内容上看,既要反思自己在见习工作中的所见所闻,又要反思自己的理性思考与间接认识等等。

## 3. 进行深入的反思小结

反思的深度是见习工作质量高低的标志。在反思中,师范生要对一段时间内的见习工作开展情况进行深入的反省,尤其是要站在指导教师成熟经验、教育教学理论的角度来深刻认识自己教育教学经验的科学性、可行性,深入认识自己教育教学经验结构的缺陷,思考自己教育教学经验改进的方向等。见习工作反思小结的目的不只是回顾、重现相关教育教学经验,更重要的是要超越这些经验,找到改造这些经验的入手点与突破口。在可能的情况下,要和指导教师一起探讨当代中小学教育教学改革的方向,共同思考课堂教学与班级管理工作改革的对策。

反思小结可以参照以下框架来进行。

**教育教学见习反思小结参考框架**

(一)见习班级基本情况

1. 思想情况

2. 学习情况

3. 纪律情况

4. 个别情况

(二)见习学科教师授课情况

1. 听课教师简况

2. 教师授课特点

3. 教师的教学风格

4. 教师的教学优点

（三）重要工作回顾

1．班级管理事件回顾

2．课堂教学事件回顾

（四）主要学习内容

1．向××班主任学习到的带班经验有……

2．向××教师学习到的教学经验有……

（五）见习工作体会

1．要当好班主任,需要在以下方面努力……

2．要当好一名××学科教师,我需要做到……

# 专题三

## 教学实习篇

教学工作实习是师范生教育实习的主要内容,教书、上课是教师的一项专业基本功,学会教书、学会授课是教育教学实习工作的核心任务。教学工作是一个复杂的过程,从教学设计到课前说课、从组内演练到正式授课、从作业管理到课堂评议,构成了一个环环紧扣、依次推进的循环。教学既是一门科学又是一门艺术,探讨教学艺术、上出一节节好课需要付出大量的时间与精力。实习生要自始至终抱着谦虚、严谨、投入的心态对待教学实习工作,以迅速适应教学工作的节奏与要求。

# 一、教学设计

上课的前提是要有一份成熟、科学、完备的教学设计,即教案。在课前精心备课,优化教学设计,是上出好课的关键环节之一。教学设计既包括一门课程的教学设计、一个学期课程的教学设计,还包括一个单元的教学设计、一节课或一个课时的教学设计。在教育实习中,实习生遇到的主要是后者,即一个课时的教学设计,它是教学设计的狭义形式,又称备课。在教学中,教学设计是教师根据学科课程标准要求、本门课程的特点以及学生的具体情况,在分析教材、学情、教法的基础上选择最有效的教学方法、教学程序与教学手段,预先设计教学活动的重点难点、教学进程与计划方案,确保讲课活动顺利进行并高效运转的过程。备课是教学活动的准备性环节,是教学活动计划性、有序性及科学性的体现。"有备而无患,防患于未然"是教师备课的直接出发点与工作意图。

## 1. 教学设计的目的

教学设计不是简单的写教案、写讲稿、写教学计划的过程,而是对教学方案的全面设计过程,是对教学活动的对象、情境、过程进行预先准备的过程,是对教学资源的开发、整合、驾驭以及利用的过程。上好课是备课的最终目的,备课的一切努力都要服务于上好课这一最终目的。"凡事预则立,不预则废"。认真、充分、详实、精心的备课是教学活动持续、有效推进的必需条件。备课作为教学设计的一个微观环节和重点工作,要根据师生实际、教学实情、教学条件量身定制出最适合特殊教学情境所需要的个性化教学方案,这是一个创造、探索与摸索的过程。该工序一旦完成,在其后续教学环节中就可能游刃有余,创造出最优的教学效果和教学质量。经过教师深思熟虑的设计准备,课才可能会上得妙趣横生、引人入胜,博得学生的喜爱。否则,若教学活动随遇而安,缺乏总体设计,就可能受到限制,难以达到预期的教学效果。从某种意义上说,教学效果就等于教学准备情况与教学实施情况相加的和。

## 2. 教学设计的一般思路

(1)学情分析是教学设计的准备

了解学生,研究学生,读懂学生,从学生身上获得改进教学活动的基本信息,并据此设计教学的流程与方法是教学过程设计的前提性准备。学生的认识、经验、情感、态度总是不断变化的,认识学生的目的就是要使其对教学方式的选择、设计、运用与学生动态的学情相适应、相同步。学情分析就是搞清学生的身心发展水平和生活经验状况,搞清学生潜在的学习需要及其对教师的教学要求。只有这样,教学进程设计才可能实现与学生发展现状与要求的契合。

(2)对教材的深入把握与精心处理是教学过程设计的起点

在教学设计之前,实习生必须坚持在通读教材、抓住重点、把握细节的基础上把握教材的逻辑体系,理解编写者的意图,把握知识结构及其层次,为在教学设计中突出重点、突破难点做好准备。

(3)教法设计是教学过程设计的关键

教学过程设计的重点是要在教法选择、创新、组合上下工夫,教法是教学过程设计的主要对象,教学方法设计的目标是要形成最适合特定课堂、特定教学内容、特定教学环境的教学方法的组合。在教法设计中,要坚持面向全体、因材施教的原则,注意突出训练重点,注重训练过程,恰当运用现代教学手段,力求使整个教学进程富于变化、创意和效能。

(4)学法指导是教学过程设计的内线

教是为了学,学是教的基础和前提,教与学之间相互依存、相得益彰,体现着有效教学活动的内在特征。从某种意义上说,让学生学会学习、掌握学法是教学活动的最终目的。在教学进程设计中,实习生要注意学习方法指导方面的设计,坚持以学生学习为内线,将读、思、疑、议、练贯穿教学活动全程,努力激发学生创新思维,以弘扬学生主体性为宗旨,以促进学生可持续性发展为目的,让各层次、各类型的学生都能在学习后有所收获。

### 3. 教学设计的一般流程

教学设计的完成需要一系列的环节,需要在每个环节上精心考究,以求最大化地提高课堂教学效能。在此,可将其分为以下几个环节。

（1）设计准备阶段

该阶段的主要任务是分析教学活动的起点状态,为教学设计提供充分准备。在该阶段,实习生要进行以下四方面的分析与准备:对课程标准与教材的分析与准备、对学生学情的分析与准备、教师对自我的分析与准备以及对教学条件的分析与准备。在这些准备的基础上,确定好本节课教学的重点与难点,找准教学的目标定位。

（2）教学方法策略设计阶段

在对教学活动的起点进行充分准备与分析的基础上,应进入教学过程设计的第二个环节——方法策略设计阶段。在该阶段,首先要根据实际确定好课型,如,是上绪言课、新知识课、实验探究课,还是练习课、复习课、考查课、综合课。然后根据课型需要,对教学方法与教学策略进行研究和考虑。要坚持因材施教、因地制宜的原则确定好本课的主要教学方法和教学策略,对之进行灵活的配置与组合。在整个设计中,实习生要着力突出学生的主体地位,坚持面向全体学生、重视学生的个性差异的原则,尽可能让学生更多地参与到学习过程中来,全力、全面地促进学生的知识与技能、情感态度价值观以及学习方法、兴趣等方面的发展。

（3）具体教学进程设计

在进程设计中,要注意按照三条主线来设计教学过程,即教学内容主线、学生活动主线与其思想态度变化主线,有机地将这三条线在一节课中体现出来。相对而言,教学活动主线是教学设计需要重点考虑的一条线索,在该主线设计中,始终要坚持教师活动线与学生活动线、教的线索与学的线索并驾齐驱、交互推进的原则,最大化地体现现代教学理念——教与学互动相长的思想。

### 4. 备课的基本内容

备课是一个复杂的过程,从时间顺序来看,可将其分为三个环节与阶段。

（1）备"课标"

中学各学科的《课程标准》是教师备课的第一手资料与基本依据,它提出了授课的基本要求、主要原则、主要理念、内容安排、方法建议与注意问题,体现着国家对各门学科教学活动的基本要求,是每一位教师必读的教学参考资料。《课程标准》是教科书编订与教学活动的基本依据,是教师在各科教学活动之前必须要精心研读的指导性读物。因此,要想备好课,实习生就必须首先研读《课程标准》,把握其精神实质,形成教学设计与备课的理念指南。

（2）备学情

学生是教学的对象,服务于学生学习是备课的最终目的。学生的学情是备课的起点与对象,从学生的学情出发是确保备课活动有的放矢、收到实效的基本要求。了解全班学生的学习水平,把握中间生,关注"两头"生,做到照顾全体、因人而异,使整个备课活动建立在学生真实客观的学情之上,是备课环节富有成效的关键。对学生学情的准备与把握要考虑三个方面:一是学生的身心年龄特征,把握全班学生的一般心理特点;二是学生之间的个性、兴趣、爱好、特长等方面的个别差异;三是对学生的学习特点、学习风格、生活经验、知识基础等进行全面把握,了解他们对教学活动的要求与建议。通过这三方面的准备与了解,备课就可以把教学活动与学生学习活动关联起来,确保教学活动能引起学生学习的兴趣,能够为学生所理解、消化。

（3）备教材

教材是一切教学材料的总称,它不仅包括课本,还包括教学所用到的教学视频资料、教学参考资料等,是师生共同拥有的教学资料,是师生开展教学活动的共同依据。教材是《课程标准》的延伸与体现,是用语言、视频、图画、文本等形式呈现教学内容的载体。从某种意义上说,授课的主要目的就是向学生把教材讲清楚,"己之昏昏焉能使人昭昭"。精读教材,熟悉教材,挖掘教材是备课的核心环节。在备教材中,要对教材做到"三读":一是通读,即通读教材,熟悉教学内容,了解编者意图及教材的内在组织结构和逻辑主线,做到心中有数;二是精读,即精读教材,细细品味教材,对教材的编写意旨、插图文本、练习安排、表达方式等进行细致入微、一字一句的斟酌,达到对教材主旨、主题、主线、要领的把握与了解;三是研读,即研读教材的作者、文化背景、相关资料,探明教材意欲传达的价值观念、精神情感,超越教材文本资料的表面意义,达到对教材资料的深入把握与精准吃透。

(4)备目标

教学目标是备好课的关键,目标设计是后续教育教学活动顺利展开的基础。实习生要结合国家教育目的与新课程标准的要求,根据本节课在全册教材中的地位以及对教材的理解,写出本节课的"三维"教学目标(如下图所示),力求体现出具体性、层次性、规范性、全面性、有弹性的目标设计要求。

教学目标的整体系统

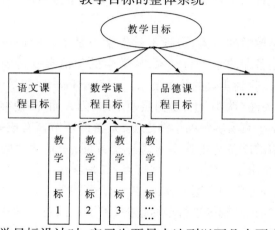

在教学目标设计时,实习生要尽力达到以下几个要求。

① 全面。一堂课、一个课题的教学目标应该由各个方面的子目标构成,这些子目标能够全面集中反映社会、国家、家庭对学生发展的各种要求和学生自我完善、自我发展的要求。当前,社会、国家、家庭希望未来接班人能够继承人类创造的一些优秀文化成果,能够具有良好的德行和积极向上的价值观念,能够创造性地解决、探索社会、个体发展中面临的一系列新问题,能够学会学习、不断学习、继续学习并在学习过程中获得乐趣,这就要求教学目标的设计一定要尽可能全面考虑人类生活各方面对学生发展的要求及学生自我发展的要求。

② 有机。在设计教学目标时应该注重各个子目标之间的逻辑、层次、主次关系,使之有机搭配、密切协调、相互配合,形成一个内部结构合理的教学目标。譬如,如果说一个完整的教学目标应

该涉及对学生知识技能、态度情感、道德价值观三方面的培养,那么,教学目标的有机性考虑的是如何将之有机、合理地组织进一个具体的教学目标之中,如何合理地安排各项目标,使之有机体现在一节课的教学目标之中。

③ 生本。生本就是"以生为本",而非"以知识为本""以教师为本"。有效的教学目标必须在充分考虑学生学情的基础上,站在学生的角度来表述教学目标,把学生的发展与进步作为教学目标设计的核心。一方面,在教学目标设计时应将学生在参与教学活动之后所发生的进步与变化作为教学目标的核心、实质内容,始终将学生的发展程度与水平作为教学目标的主体内容,另一方面,在教学目标设计上应该将生本理念体现在教学目标的表达形式上,严格按照"学生在……(方面)获得……的发展"的语言来表述教学目标,坚持以"学生"为主语的表达形式来表述教学目标。

④ 适度。合理的教学目标必定是一个对学习者而言适度的教学目标,适度的具体内涵就是教学要求处在学生的"最近发展区"内,正好是学生通过一定的努力能够达到的教学目标。当代学习论认为:只有难度适中的问题才可能最大化地激起学生学习的强烈动机,达到较高的教学效果与效率。因此,有效的教学目标不是越高越好,而是看其是否正好处在学生的最近发展区之内。

⑤ 兼容。教学目标的每个项目应具有一定的兼容性,两个项目之间具有适度的交叉性和关联性,可为学生创造性、选择性、自主性的发挥提供充足的空间和舞台。在设计教学目标时应该让每项内容具有适度的模糊性、宽泛性,使之能够兼容与之相关的内容,为教师、学生创造性地实施教学目标提供条件。

⑥ 弹性。这里所言的"弹性"是相对于教学目标的实现程度而言的,也就是说,科学的教学目标应该适当考虑到学生的接受能力和教师的教学能力,尽可能不对所有学生、所有教师提出千篇一律、标准化的教学要求、教学目标,而应该向师生提出教学活动的大致目标、大体要求。为此,实习生在教学目标设计时最好应该设计两部分目标:基础目标和拓展目标。

⑦ 确切。所谓"确切",就是准确、清晰、符合实际,就是要求教学目标的设计必须为师生提出明确、实在、可行的行动要求。教学目标在语言措辞上必须讲究,应该力求简洁、规范、清楚,在程度要求上是用"记住、辨别、比较"还是用"写出、背下、指出",必须仔细斟酌,谨慎考虑。否则,教学目标最终可能失去对师生教学活动

的指导性,致使教学目标形同虚设、徒有其名。

（5）备重难点,备教法,备教具

在对教材、学情进行深入分析和对教学目标确定之后,要确定本节课的教学重点与教学难点,以之为中心来筹划教学方案,使整个教学方案能够有重心,有焦点,而非平均用力,影响学生对教学内容的深入掌握。教法与教具是决定教学效果的重要因素,要备好课就必须对之进行精心选择,科学筹划,创新设计,使之服务于教学目标的达成。方法是实现教学目标的桥梁,教具是有效呈现教学内容的媒介,将教学方法与教学媒体有机配合起来,是科学教学方案的内在要求。根据学生学情与教学目标选择教法,并对之进行优化组合,形成效能最优、有机配合的教学方法组合是备课环节的重要内容。

在教具设计中,教学媒体设计包括教学媒体的选择、配合,教学课件的开发等,是备课的一个重要环节,一般可以按照以下程序来进行。

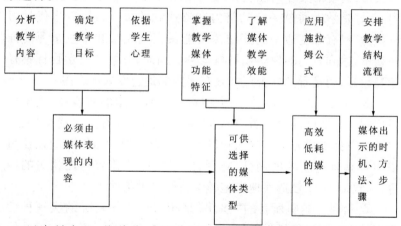

（资料来源:徐英俊:《教学设计》,教育科学出版社,2001年第1版,第160—161页。）

（6）备教学流程

教学环节与流程的设计,包括组织教学、导课、复习、开讲、讲授新知、巩固练习、小结、结课、作业布置、板书等环节的具体设计。这是教学设计的主体性工作,它最终以课时教学计划（即教案）的形式展现出来,成为教师具体教学进程的蓝图。教案是教学流程、步骤的集中体现,备教学流程就是编写教案的过程。教案是研读教材、精心构思、全面筹划教学活动的结果,是授课的基本依据。一份教案不仅要反映分析、挖掘教材的结果,更要展示教学思路、教学活动的整体安排。在教案编写中,实习生要善于以时间为主线来系统设计各个教学环节,按照学生"复习旧知——感知新知——理解新知——复习巩固"的线索来设计教学进程,使其尽可能符合学生的认识过程与新知识建构要求。教案的形式千变万化、不拘一格,只要便于呈现教师的教学进程,任何形式都可以为备课所采用。一般来说,教案的基本形式有两种——电子式与文本式;教案的呈现形式主要有三种——表格式、陈述式、框图式;教案的大体构架为"教材分析—学情分析—教学思路—教学目标—教学重难点—教学媒体(即教具)—教学进程—课堂小结—作业布置—课后反思"。

## 5. 编写教案

　　教案即教学方案,备课的终端环节是编写教学方案,即写出一节课或一个课时的教学设计方案。在教案中,实习生要阐明对本节课内容的基本理解、预期教学目标、大致教学思路、教学方法设计、教学时间分配等,教案是为讲好每一节课而精心策划的基本意图与整体思路。教学方案是授课的大致预案与理想设计,编写的教案的完备程度直接决定着授课质量。因此,编写教案是一项需要精心准备、认真筹划的活动。

　　要编写好一节课的教案,需要注意以下七点要求。

　　(1)教材分析到位,挖掘教材要达到一定的深度与水平方可着手编写教案

　　教案的首始环节一般是对教材的大致分析或总体教学思路,要在这部分精辟地反映自己对本教材的见解与挖掘情况。在动笔备课时,实习生要在大量参阅相关文献和优秀教师备课案例,听取指导教师建议的基础上完成教材分析与设计思路。分析教材时一定要到位。所谓"到位",就是达到对教材的"三吃透",即吃透教材内容,吃透作者意图,吃透教材结构,实现对教材理解的深化。

　　(2)教学目标表述明确、准确、到位

　　在教学目标表述时实习生可以按照以下策略进行。

　　①全面分析课程目标,形成由子目标相互支撑、浑然一体的描述框架

　　在教学目标描述之前,需要借鉴普遍性取向教学目标的优点,充分考虑教学目标的上位概念——课程目标,从全局、整体上把握教学目标的描述框架。如在新课程改革《语文课程标准》中提出的

课程标准框架大体可以概括为四方面:文化态度情感价值观、学习过程方法、语言能力(字词句篇、听说读写)、语言沟通实践。在描述教学目标时,我们可以按照这一框架来确定子目标及其结构,形成逻辑严谨、结构合理的教学目标。

②分析各子目标,确定表述该目标所需要的主要谓语动词

教学目标的实质是要反映学生身心发展方面的进步,这就需要选用合适、准确的谓语动词来表述。在选用中,实习生应该根据学习领域、类型、性质的差异采用合理恰当的动词来表述。以语文课程为例,在描述语文学习"文化态度情感价值观"方面的变化时,可采用"感受……的重要性""喜欢上……(如祖国语言文字)""体会到……的博大"等。由于该领域学习常常以内隐方式来进行,故只能用具有一定模糊性和包容性的动词来描述。对于"学习过程方法"维度的教学目标描述,应该做到较为准确、清晰即可。如可以这样来描述《愚公移山》一课的教学目标,"学会利用通假字的构词原理来自学古文字"等。在"语言能力"方面,应该给出最为清晰的教学目标,在表述中应该采用"识别""找出""记住"等动词,如"能够识别出本文中的 2 个通假字""能够找出文中的语气词""能够复述故事的梗概"等。在"语言沟通实践"方面,应该采用"会说……""会写……""能够听懂……的意思"等,如"能用文中的 2 个语气词与同学交流,准确率达到80%以上"。

③把握学生学情,了解课程教学要求,据此确定教学目标的达成度,选择恰当的数量化词汇

在确定好谓语动词之后,要做的下一步工作是努力使之具体化、数量化。由于并非所有教学目标都可以数量化,尤其是那些较为内隐的、情感体验类教学目标,其自身是难以用数量来表达的。因此,在描述教学目标时,实习生可以采用两种思路来实现量化:其一是等级式的量化,主要用于对那些不易用准确数量来描述的行为变化,如学生在情感领域、价值观领域发生的变化。例如,在学生"对语文课程感兴趣"这一维度上,可以将之分为三个等级:"感到学习语文有趣""对语文学习产生了兴趣"与"对语文学习产生了志趣"。其二是数字化的数量,主要用于对那些可以进行精确量化的教学目标的描述,如"学生作文中的错字率控制在 10% 以内""学生能够背下 2 篇精读课文""学生能写出课文中的所有生字"等。

④加入表现性内容,关注生成性内容,完善教学目标的描述

教学目标描述的最后一个环节是加入学生的创造性表现内容,融入教学过程中可能会形成的生成性内容,使教学目标具有一定的弹性空间,防止教学目标描述与制订过程中可能会出现的僵化、程式化问题。如在语文教学目标设计中,可以在上述四个目标中加入一些弹性内容,在学生弄懂本课的通假字之后,还可以再加一个目标"能说出在学习中遇到的其他通假字";在学生找出了《愚公移山》一课的语气词之后还可以再增加一条,"能够对古人说话的方式作以探讨";在本课的"情感态度价值观"领域教学目标上,还可以增加"对愚公是'愚笨'还是'聪慧'这一问题进行讨论,得出积极的认识"等。这些内容的增加可以使教学目标的描述更富有激励性和感召力,更能体现出教学活动对人发展的促进意义。

(3)准确定位教学重难点,做到精准到位

教学重点与教学难点确定的依据是不一样的:教学重点是根据教学目标来确定的,一般而言,一节课中要向学生传授的基本知识、基本技能、基本理论、基本概念等构成了本节课的教学重点,把这些方面讲透就完成了基本教学任务。相对而言,教学难点是受学生学情、学校教学设备条件、知识本身的难度等因素制约的。由于学生认识水平低、学校教学设备条件差、教学内容偏难等因素的制约,学生可能在理解新教学内容时会产生一定困难,需要教师特别关注,否则,学生可能形成知识断层,影响后续教学的深入。

(4)教学媒体设计科学

在教学重难点确定之后,实习生要根据教学的需要准备教学媒体,如教具、课件、教学挂图、教学实验设备、教学标本、影音设备、视频资源、网络资源等。对教学媒体的选择一定要坚持"按需选用,精选设备,追求效能,节约成本"的原则,努力体现教学媒体设计的四大要求——"目的性、有效性、方便经济、与讲解相配合",最大化地提高教学的效率、效益与效果。切忌过于形式化,追求花样翻新而不注重实际效果,造成教学资源的浪费,冲淡教学的主题与重点。

(5)教学步骤翔实

教学步骤是教案的核心内容,在设计时尽可能做到越具体、越详细越好,毕竟实习生还处于学习阶段,尽可能翔实的教学步骤能够弥补其教学经验缺乏、教学应变力差的缺陷。当然,翔实的界限是教学实录与教学提纲,不主张把课堂中要讲的每句话都写下来,这样不利于实习生实际教学技能的培养;也不主张把课备得像优

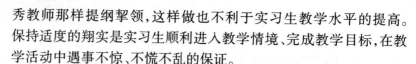

秀教师那样提纲挈领，这样做也不利于实习生教学水平的提高。保持适度的翔实是实习生顺利进入教学情境、完成教学目标，在教学活动中遇事不惊、不慌不乱的保证。

（6）板书与作业设计符合要求

在板书设计时，实习生要追求"简洁、美观、大方、有度"的原则，力求使板书美观化、规范化。在板书设计时要注意图文并茂、抓住关键、注意细节、整体布局，与多媒体设计相结合，与学生的认知特点相协调，力求使板书反映主要教学内容，体现现代教育理念，充分发挥其辅助教学活动的功能。

在设计作业时一定要按照"适量、求质、多样、时效、有趣"的原则，不断改进作业布置的方式，讲求作业的效率，追求作业的趣味性，把作业与学生的社会生活、日常生活联系起来，把作业与当天学习内容联系起来，体现服务于巩固新授课内容的目的，让学生在精练中提高学习的效果。

（7）留有"教学反思"栏目

在备课结束后，实习生一定要专门给"教学反思"留下一块地方，以备授课完毕之后写上自己的教后感、教学体会或得失分析，为后续备课提供参考，促使自身专业不断发展。

# 二、教案审核

按照一般程序，实习生在确定授课方案、利用教案授课之前应将所准备好的教案拿给学校主管教学的领导或教研组长、原科任教师去审查，及时排查教案中那些不成熟、不符合教学规律、不符合教学常规的备课内容。实际上，由于缺乏教育经验，实习生对有些教学内容、教学重难点、教学环节很可能会产生把握不准的错误，如果以讹传讹的话，这些错误可能会误导学生，对学校的教育教学活动产生不良影响。因此，教案审查环节不是可有可无的，而是必需的一个教学实习环节。

## 1. 教案审核的功能

在教学实践中，教案审核担负着多项功能，归结起来有以下三个。

（1）有利于及时督促实习生规范备课、充分备课、慎重备课，防止一切随意备课、敷衍了事现象的发生。有了该审核环节，实习生就可能会更加严肃地对待备课环节，严格按照规范备课、科学备课的要求来备课，坚持备课的质量底线，为试讲与正式授课提供充分的准备。客观地讲，教学设计与正式授课是教学实习活动的两个核心环节，而教案审核正是对实习生实习质量进行监控的重要环节之一。

（2）有利于确保授课环节的基本质量。用随心所欲的教案来授课势必影响教学的最终效果，难以保证基本教学质量，从而浪费学生的学习时间。通过审核，那些成熟的教案才能顺利通过审查，它们是确保教学质量的坚实依托。没有审核的话，实习生随便进入课堂乱讲一通，这不仅对他们自身会造成一些不利影响，而且还可能由于缺乏严格训练，养成不负责任、不够严肃的教学恶习，也不利于其形成良好的发展起点。

（3）有利于诊断实习生的部分教学能力与教学态度，预测本节课的大致教学效果。教案设计得完备、周详，富有创意、智慧，是实习生认真教学态度的表现。那些粗枝大叶、马马虎虎、应付差事的教案就难以通过审核环节，对实习生后续实习活动起着警示作用。教案设计中体现出来的教学理念、对学生学情的把握以及对教学方法的选配艺术等都间接体现着实习生的教学能力。

## 2. 教案审核的内容

教案审核一般由学校指定的机构或负责人来完成。在学校没有指定的情况下，实习小组组长与实习指导教师是当然的教案审核者，他们应该从以下几个方面来对教案进行全面审核。

（1）教案中是否存在思想政治方面的缺陷与问题，是否存在一些不良的宣传或不当的表述。遇到这些问题，一定要请实习生及时删除。

（2）教案中是否存在一些常规性的错误，如是否体现了三维教学目标，教学重难点定位是否恰当，是否严格按照教学计划授课，是否体现基本教学常规，教学环节安排是否妥当，教案要件是否齐备，时间分配是否合理，作业布置是否适量等。

（3）教案是否达到了基本质量标准，如教案整体的规范化程度，教案各部分设计的科学性、可行性水平，是否体现了教师主导、学生为主体的教学设计要求,是否实现了新课程标准中提出的相关要求,是否达到了授课的基本要求,预测能否实现预定的教学目标等等。

如果教案在上述三个方面基本达标,实习生就可以顺利进入下一实习环节——说课试教;若存在严重问题与不足,应该及时展开问题会诊,进行大幅度的调整,甚至重新设计;若存在的只是一些小问题,实习生要严格对照审核人员提出的要求逐一进行修改,修改完成之后要及时再次申请复核,经审核老师签字后方能开展说课试教工作。

# 三、课前说课

说课实际上是一种处于备课和上课之间的教学研究活动,它是指同学们在正式授课之前或授课完成之后依据某些教育教学原理,以某一授课班级学生为预想对象,以口头表达的方式对某节课的教学设计、教学内容、教学效果等面向教研组、实习小组或指导教师陈述自己的教学思路、设计情况及设计理由,然后由听者进行评价,征求他们的意见或建议,以达到提高授课效果、互相交流、共同学习的目的。按照不同的分法,说课一般可分为:说一门课程、说一个单元(主题)与说一堂课;课前说课与课后说课;研究性说课、汇报性说课、评价性说课与学习性说课等等。在教学实习中,实习生主要进行的是说一节课、学习性说课与课前说课。就其实质来讲,说课是一种新兴的教研形式和备课形式,具有研讨、答辩、交流、备课的多项功能,是实习生学会教学、提高授课质量的重要环节。

## 1. 说课与备课、上课的关系

说课既不同于备课,也不同于上课,搞清楚三者之间的关系是了解说课目的,灵活驾驭说课实践的前提。三种教学实习活动之间的区别主要表现在以下四个方面。

(1)性质不同

上课是面向学生施教、授课的具体过程,要面对许多不确定性

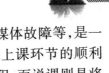

因素,如课堂偶发事件、学生准备状态欠佳、教学媒体故障等,是一个不可能完全控制的过程;备课是教师为了确保上课环节的顺利进行而准备教学资料,筹划教学过程与方案的过程,而说课则是将已经备好的或已经上完的一节课向指导教师或专家教师陈述设计,说明理由,征询意见的过程。因此,上课的性质是师生双边活动,备课的性质是教师个体活动,而说课的性质是实习生与指导教师、优秀教师之间开展的一种双向交流活动。

(2)重点不同

上课主要解决的问题是怎样上好一节课的问题,备课主要解决的是计划如何上课的问题,而说课解决的是为什么要这样上课的问题。其中,备课就好似一项工程的蓝图,说课就好似制图人的讲解,上课就好似一项工程的施工过程,三者之间差异迥然。

(3)目的不同

上课要达到的直接目的是提高教学效果,备课要达到的直接目的是提高授课进程的科学性,而说课的目的是要阐述教学设计、教学方案的内在合理性及其理论基础。

(4)结果不同

上课的直接结果是一堂活生生的课,它具有无限的生机与活力,是创造出的一件活脱脱的作品,其主要内容是教师实际上在怎么教;备课的直接结果是一个教学方案或教学计划,其中体现着教师的创意与教学观念,其主要内容是"教什么""怎么教",而说课的直接结果是一份说课稿,其主要内容是教师为什么要这样教。

## 2. 怎样说课

在说课中,实习生要向指导教师与实习小组说清以下五个问题。

(1)说教材

教材是教学活动的直接依据,把教材上的知识技能等内容向学生讲懂是授课的直接目的。从教材分析出发,从教材的实际特点中思考一堂课的教学目标与教学进程设计是教师说课的科学性所在。在说教材中,我们必须说清以下内容:课程标准对本节课教学提出的一般性理念与要求;本节课在本单元、本书中的地位、作用与重要性程度;教材编写的意图;本节课学习对于后续教学活动的作用与影响;教材本身的特点及其内在逻辑与脉络等。

（2）说学情

授课的两大基础是学生水平与教材要求。因此,学生的学习情况及其水平是教学设计活动的重要基础之一,是确定教学目标及重点、难点的基本依据。在说学情时,实习生必须说明两方面情况:其一是学生的学习基础,即学生的知识、能力起点水平如何,他们已经具备了哪些知识与能力,具有了哪些生活经历,这些知识、技能、经验能否帮助学生完成对新授教学内容的学习;其二是学生的学习特点与风格,如中学生学习本门课程的一般特点如何,其心理年龄特征与思维发展水平如何,学生之间的学习水平差距与个性差异情况如何等等。

（3）说目标

在说完教材特征与学生学情之后,实习生就可以据此来确定本节课的教学目标及其重难点了。教学目标定位一旦完成,后续教学过程设计便要以此为核心来参照进行。在说本课的教学目标时,一般可以按照"三维"教学目标的框架来组织教学目标,即按照"知识技能—过程方法—情感态度价值观"这一结构来安排说课过程。在具体陈述过程中,可以先说本课的总体目标及其依据,然后再向指导教师与实习小组阐明自己如何将这些教学目标依次在各个教学阶段、教学环节来落实,必要的时候还要说出自己打算采取的主要举措。在说目标时应该尽可能使目标陈述具有具体性、可量化、可操作的特点,以便在授课之后对之进行检测和评估。在教学目标确定之后,实习生应根据教学目标确定好本课的教学重点,并根据学生的学情制定出本课的教学难点。

（4）说进程

教学进程即教学步骤,是说课的核心与主体,说进程就是对教学整个进程进行总体构思的活动,是将自己的教育创意和具体教学内容、教学对象统合起来的一个环节。在本阶段,实习生要向聆听者说清以下内容:教学环节的总体安排与进度,如怎样组织教学、怎样导入、怎样讲授、怎样激发学生思考、怎样结课等;具体教学活动的安排,如教学活动设计、学生学习活动设计、师生间的互动方式等;教学重点与难点的处理,即说明在教学中教师如何突出重点、难点,让学生顺利完成学习任务,使教学目标得以实现。

（5）说教法

教学方法是实现教学目标所凭依的主要方式,它实际上是教学媒体与教学形式的统一。实习生在说课中要阐明:针对本课具体特点与教学情境,教师打算如何选择主导教学方法与辅助教学方法,如何围绕教学方法选配教学媒体,使之相互配合,形成最适合教学问题解决的恰当教学方法组合,以求最优化地完成教学任务。在教法设计时,实习生要尽可能将教法与学法配合起来,根据学生的学法来选择教法,利用教法来引导学生的学法,实现二者之间的有机统一。

### 3.说课的实践框架

为了帮助大家更好地掌握说课的一般套路,在此特提供说课案例一份,以供借鉴、参考。

说课的案例(节选)

一、说教材的地位和作用

《×××》是××版教材×年级×××课第×单元第×个主题……

本主题前面承接本教材的×××这部分内容,后面是本教材的×××这部分内容,所以学好这个主题为学好以后的知识打下牢固的理论基础,而且它在整个教材中也起到了承上启下的作用……

二、说教学目标

根据本教材的结构和内容分析,结合学生的认知结构及其心理特征,制定了以下的教学目标:……

三、说教学的重、难点

基于新课程标准,在吃透教材基础上,确定了以下的教学重点和难点:

教学重点:……

重点的依据:只有掌握了×××,才能理解和掌握×××

教学难点:……

难点的依据:×××较为抽象;学生没有这方面的基础知识。为了讲清教材的重、难点,使学生能够达到本主题设定的教学目标,再从教法和学法上谈谈。

四、说教法

基于本主题的特点,主要采用以下的教学方法。

1.直观演示法

利用图片等手段进行直观演示,激发学生的学习兴趣,活跃课堂气氛,促进学生对知识的掌握。

2.活动探究法

引导学生通过创设情景等活动形式获取知识,以学生为主体,使学生的独立探索性得到充分的发挥,培养学生的自学能力、思维能力、组织能力。

3.集体讨论法

针对学生提出的问题,组织学生进行集体和分组讨论,促使学生在学习中解决问题,培养学生的团结协作精神。

五、说学法

人常说,"现代的文盲不是不懂字的人,而是没有掌握学习方法的人",因而,在教学过程中应特别重视学法的指导。让学生从机械的"学答"向"学问"转变,从"学会"向"会学"转变,成为真正学习的主人。这节课在指导学生的学习方法和培养学生的学习能力方面主要采取以下方法:思考评价法、分析归纳法、自主探究法、总结反思法……

最后,具体来谈谈这一堂课的教学过程。

六、说教学过程

在这节课的教学过程中,注重突出重点、条理清晰、紧凑合理。各项活动的安排也注重互动、交流,最大限度地调动学生参与课堂的积极性、主动性。

1.导入新课:(2—3分钟)

由上节课学过的知识和教材开头的情景设置导入新课。

导语设计的依据:一是概括了旧知识,引出新知识,温故而知新,使学生能够知道新知识和旧知识之间的联系。二是使学生明确本节课要讲述的内容,以激发起学生的求知欲望。这是教学非常重要的一个环节。

2.讲授新课:(35分钟)

3.课堂小结,强化认识:(2—3分钟)

4.板书设计

板书:……

5.布置作业

课堂作业:……

(资料来源:高中生物说课稿模板. www.gkxx.com/Down/20110129/1804020.shtml.2011-5-12)

# 四、提前演练

通过课前说课,实习生对一节课有了较为深入的理解,对该课的重难点、关键点基本上已心中有数。此时,应该在正式授课之前选择时间开展演练、演习,实现对本节课的动态把握。开展组内演练的形式是多样的。从形式上看,它有个人演练与小组演练之分;从教学使用媒体上来看,有以录制教学视频为媒介的微格教学式演练和以传统教学媒体——黑板、粉笔为媒介的一般演练;从演练精细程度来看,可以有感知性演练与探索性演练等等。提前演练是实习生全程感受一节课对教师的各种素质要求,及时发现教学难题,了解教学注意事项,形成教学质量监控措施的重要途径。提前演练的最大不足是:教学难以体现师生之间的互动性、真实性,难以帮助教师找到上课的感觉。尽管如此,它仍然是熟悉教学过程,掌握主要教学环节,提高正式授课效果的必经环节。

由于教学演练中试讲面对的不是真实的教学情境与学生,而是虚拟的教学情境,面对的授课对象是大学同学与指导教师,这就要求整个试讲过程要遵循以下的工作流程。

① 向参与试讲活动的教师与同学致礼,简要向授课对象说明本节课的教学内容、教学目标、教学思路与教学特色,预先交代需要学生准备的学具、相关预习要求、预期学生教学反应与教学组织情况。

② 开始单向授课,即没有学生互动、配合、参与的独白式授课,粗线条地、简明扼要地展示自己的授课内容与进程。

③ 课后即可征询听课同学与教师的意见,抓住核心问题做好记录,形成下一步修改的资料与方向,并再次向同学与指导教师的参与表达谢意。

为了提高课堂教学演练的实效性,实习生可以考虑从以下几个方面来入手。

(1)参演者要全身心地投入进去

教学演练的效果取决于实习生态度上、心理上、精力上的投入,取决于对它的重视程度,"假戏真做"是最为理想的一种投入状态。在教学演习中,要自觉发挥想象力,创设一种仿真的教学情境,确保参演的逼真程度,全力提高课堂演练的实效性。演练中如果有实习小组组员在场,要将他们想象成为中学生;如果没有听众的自说自话式演习,要想象有中学生在场,甚至可以把每张课桌或眼前事物想象成为学生,预想学生的可能反应,达到一种较好的演练效果。

(2)要尽可能使演练完备完整,切忌随遇而安、浅尝辄止

由于教学演练的最大缺陷是没有真正学生在场,没有真实的教学情境,没有真切的教育感受,没有学生的现场回应,这就决定了整个演练活动具有一定的独白性,开展起来具有一定的难度。在演练时一旦开始就要持之以恒、坚持到底,确保对本节课的各个环节与过程都有所感知和了解,达到通观全局、全面准备,对重点难点心中有数、精准把握的演练效果。

(3)教学演练时间的安排要讲究

在安排教学演练时,要尽可能征求每个小组组员和实习指导教师的意见,确保有更多听众临场听课指导,进而为演练活动提出更多的建设性意见。多一个听众就多一点看法,多一点建议,多一点进步。从某种意义上说,听众数量是确保教学演练效果的基础。教学演练作为一种教学预演活动,其主要目的是看教学活动的安排是否合理,教学进程步骤是否恰当,教学效果有无保证。因此,没有观众,教学演练的信息反馈渠道就不够通畅,不利于获得更多的改进意见。

(4)科学应对模拟课堂的缺陷

教学演练是一种模拟课堂教学,它没有学生配合,教学现场缺乏互动与教学气氛,此时一定要善于运用教学语言,尤其是要注意将一些课堂提问环节改为自问自答,将一些课堂学生探究活动改为PPT插图或教学活动标牌(如"学生讨论进行中""课堂探究结束"等),在学生合作学习、自主学习、探究学习期间只需要出示标牌向听课者示意即可。

教学演练过程要精心策划、充分准备,要把握好以下几个环节。

① 教学演练之前,要对本堂课一切必备的用具进行仔细检查,不能有所遗漏,以防演练过程中手忙脚乱。

② 教学演练开始时,要向听课教师与同学行礼,以示对他们工作的谢意。

③ 在教学演练中,一切教学步骤尽可能按照预定顺序进行,不

宜做较大的临时性变动;要坚持用普通话开展教学,要用规范的教态教姿进行教学,大方自如、姿态优美,努力寻找一种身临其境的感觉;要注意教学重难点的把握,合理安排教学时间;要注意教学的逻辑性、层次性,有条不紊地展开教学。

④ 要保证板书整洁清楚、规范美观,不应因为演练而降低标准。

⑤ 演练完毕后要再次向听课教师、同学致谢,并预约时间,请求他们就本课给自己进行专门指导。

# 五、意见征询

教学演练后一定要主动征询听者建议,保证演练效果。教学演练之后,实习生要谦虚地征询所有听课者以及学校各方的建议,为教案的进一步修正、补充、拓展提供反馈信息、参考建议,为后续修改完善确定方向。无论提出的建议好坏与否都要及时表达谢意,认真、谦虚地听取。在某些有争议的观点上,可以适当与听者展开简短对话,探寻他们对该问题的看法与做法,积累更多的教学经验。当然,对某些明显不大合理的建议,可有选择地汲取,一定要适当坚持自己深信不疑的见解,以免随波逐流,无所适从,影响教学演练的实际效果。在讨论中,大家要注意尽量保持宽容、大度、认真的态度,不可显示出任何对讨论者不敬的言行与举动,以赢得同学、实习学校教师的继续支持。

要尽可能邀请那些教学经验丰富、熟悉本节课的老师和所有实习小组同学参与教案的意见征询活动,力求获得更多、优质、建设性的教学建议,为本节课的继续完善与改进提供参考。在每次征询中,大家都应该注意礼节、谦虚谨慎,确保在不打扰老师同学正常工作的情况下与他们进行讨论,听取他们的建议。在与他们交谈时,要注意不可随便打断对方的话题,不要急着为自己进行辩解和解释,不要忙于对对方的建议进行回应,应该等对方说完后再适度表达自己的看法与见解,以平等对话的方式开展讨论,尽可能及时形成教案改进的新思路、新点子,让每一次意见征询都结出硕果,获得长进。

# 六、上课试教

　　各方面教学条件,尤其是教案设计成熟之后,实习生就可以进入真实课堂教学情境,开展试教实践。试教即试讲,是在实习指导教师的指导和帮扶下开展的一种课堂教学实践环节,尝试性、探索性、非独立性是其根本特征。只有经过无数节指导教师手把手指导的试教活动,实习生方可正式进入独立授课实习阶段。因此,试教是课堂教学实习的重要阶段,是实习生在实习中走向成熟的过渡环节。受直接授课经验缺乏所限,实习生所备的课程往往具有"想当然"、理想化、不切合实际的缺陷,往往不能准确把握课堂教学的过程。因此,在试教中,要会敏锐地发现上述缺陷,及时进行补救,逐渐掌握规范的课堂教学流程与节奏,不断缩小理想教学与实际教学之间的差距。相对于正式教师的授课而言,教学活动对试教教师的要求较低,它关注的是实习生对教学活动、学生、教学内容的基本理解,注重考查其对教学常识、教学常规、教学语言等教学基本功的把握,重视其对教学媒体或教具的基本运用能力。说课环节考查的是实习生对一节课的教学设计与构思的准备情况,而试教环节着重考查的是实习生用自己的教学语言对教学方案的综合展示能力与针对具体教学情境的随机变通能力。

## 1.试教的一般流程

　　由于试教是实习生的一种专业学习活动,实习生面对的是真实的学生与实习指导教师,所以可能会产生一些惊慌失措的现象。因此,实习生最好按照正规的试讲流程来组织教学,以克服讲课中可能会出现的紧张心态。

　　整个试讲过程大致流程如下。

　　(1)行礼

　　铃声一响,实习生要从容地走进教室,踏上讲台,待学生安静下来之后正式宣布"开始上课"。此时班长喊"起立",师生相互行礼,待学生坐定之后开始教学活动。

　　(2)组织教学

　　实习生可以通过自我介绍提醒同学们集中注意力,进行常规考勤,检查学具,安静课堂教学秩序等方式促使学生做好上课的准备工作,即心理准备、学具准备等。

（3）正式开始授课

按照教学设计的步骤,依次开展复习旧知、导入新课、讲授新课、课堂演示、课堂小结、巩固训练、结课、作业布置等环节的教学工作。在教学中,要尽可能放开来讲,对教学工作充满自信,不要畏畏缩缩,感到有人听课而有压力,以免影响教学进程。

（4）结束授课

授课结束后,实习生与同学们在相互行礼后结束一节课的教学活动。

（5）意见征询

在授课结束后,实习生要继续开展意见征询活动与自我反思活动,发现问题及时总结、改进。

## 2. 试教中需要注意的问题

试教尽管不是正式授课,但它体现着课堂教学对教师的一般要求,可谓"麻雀虽小,五脏俱全",故实习生一定要用谦虚、谨慎的态度对待教学活动的每一个环节。这里提出以下几点要求。

（1）注重仪表

试讲时要注意服饰穿着。选用较为正式、整洁、得体的服饰,及时修剪头发,以示对听课教师与学生们的尊重和对授课活动的重视。

（2）善用语言

教学活动是一门语言艺术。在教学中,一定要善于运用教学语言,包括有声教学语言与无声教态语言来开展教学,积极开展课堂讨论、师生互动、探究答疑活动,营造出民主、热情、积极的课堂教学气氛。

（3）把握思路

在试教中,要把握好教学活动的逻辑结构,以讲清本节课的主体教学思路、内在逻辑安排为主要目的,不必追求细节,在授课中注意抓大放小、紧扣教学主题,减少不必要的教学修饰环节。

（4）分清重点

在教学重点上,要注意多花时间,在教学难点上要着重展示自己如何帮助学生攻克教学难点的教学环节,充分展示本节课教学设计的创意、创举与创新之处。

（5）注意板书

注意教学板书设计，三级标题清晰，字迹工整美观，主题布局合理，结构优化，板书内容突出重点、注意简洁，着力展示授课的主要脉络。

（6）教态讲究

在试教中，要随时注意教态，始终面带微笑，调节眼神，用好目光，注意教姿，善用手势，充分展示自己的课堂教学表现力和教师人格魅力，给听课者留下一种完美的印象。

（7）态度诚恳

在讲课与意见征询中，要始终以谦虚、学习的态度对待参与者，戒骄戒躁，对于自己认为好的建议一定要及时记录并采纳，对于那些自己认为不大合理或过激的评价要适当保留，尽可能少争辩，多对话，多商量。

# 七、正式授课

正式授课是实习生独立给学生授课，积累教学经验，在实践中不断提高专业水平的重要阶段，是教学实习的核心环节。在经过充分准备之后，实习生应该及时向指导教师和实习单位提出正式授课申请，以期走上讲台、进入真实教学情境来检验自己的教学设计，全面练好教学基本功，获得从教的实际经验。在正式授课中，一定要注意以下几方面的问题。

## 1. 明确好课的标准，努力上出高品质的课

社会对好课的要求是多样化的，不同教育主体，如学校领导、成熟教师、家长、学生等对好课所提出的标准不尽相同。但他们对好课还是存在着一些共同的理解。好课的标准大致可以归纳为以下六点。

（1）教学目的明确

在授课中，所有教学环节围绕教学目标的达成而展开，整节课形散神聚，不偏离主题，时刻把教学目标的完成放在第一位。一节好课实际上是多方面、多维度、多层次地完成教学目标的过程，教

掌握新知、弥补课内不足服务。

（3）追求作业形式的多元化与层次化，可以采取多种作业形式，如实践作业、课后考查、查阅资料、欣赏视频、口头作业等，以弥补传统作业方式——做习题、书面作业的缺陷。同时要针对不同的学生布置作业，解决好"优秀学生吃饱，中等学生吃好，学习有困难的学生吃得了、消化好"等问题，力求使学生都得到各得其所的发展。

（4）在提高作业的"质"上下工夫，尽可能减少重复作业、机械作业、可有可无的作业、无需学生动脑的作业，把对课内知识的复习与提高、巩固与延伸、记诵与创造、评价与激励结合起来，适度把握作业对学生形成的挑战性。

（5）要明确作业布置的意图与目的，坚决杜绝依靠作业来提高教学质量的观念误区，始终将向 45 分钟要质量作为教学改革的重点与目标，把课外作业与练习视为课堂教学的补充，尽可能地减少教学质量对课外作业的依赖。

（6）明确规定作业上交的时间、方式及质量，要求学生按时保质保量完成。

在作业布置后，实习生必须选择适当的时间检查学生作业的完成情况。在检查作业时，要注意以下三个问题。

① 对学生作业完成情况要做认真登记，尤其要对未按时完成作业的学生如实登记。

② 对于未及时完成作业的学生要加强教育，督促教导，令其限期完成。

③ 对于长期不按时交作业的学生，要做好跟踪教育，必要时联系班主任与家长配合教育工作。

对于已上交的作业，要认真批改，达到以下五项要求。

① 及时。对上交的作业应该及时批改，及时反馈，及时纠正，发现问题及时处理，确保作业布置目的的实现。

② 精细。要对学生的作业精批细改，做到认真细致，不放过一个错误，不误批一道题，不漏批一个题目。

③ 形式多样化。对学生作业，既可集中批改也可面批面改、个别批改，既可学生自批、初批、互批结合，教师再批、精批，又可教师全批全改等等。批改方式多样化能够让学生获得充分的反馈学习效果的机会，获得充分的自我反思、自我矫正机会，从而尽可能地减少错误。

④ 批语要讲究。批语是教师对学生作业情况的总体判定，应

该尽可能以"你我对话"的形式给出,加强师生之间的沟通与对话,对于中学生的作业评语,应该多激励、少批评,多肯定、少否定,尽可能做到语气委婉、态度诚恳、以理服人,让学生从评语中获得源源不断的学习动力。

⑤ 重视记录、分析、处理。要对学生总体完成情况做好记录分析工作,及时从中反思教学与学习的情况,发现问题,获得信息,以之作为后续教学改革的方向。同时,对于不符合要求的作业,要对之进行具体帮助指导,对于过于粗糙的作业要令其重做。

### 2. 日常测评

测评即测验、考试、检测,是教师阶段性地监控教学质量及学生学习情况的重要环节。实习生要对测评的目的心中有数,对于测评的实施要科学组织,确保师生及时获得准确的教学反馈信息。就其目的来讲,测评旨在达成以下目标:检查学生学习是否达到预期目标与合格标准,对学生知识、技能的形成情况进行定期检查评定,给出科学的质量鉴定,帮助其发现学习中存在的问题与误区;引导学生系统地复习整理所学知识内容,激发其后续学习的兴趣,增强其学习的信心;对教师的教学效果作出客观、如实的评价,帮助他们总结经验、发现不足、肯定成绩,促使其反思教学过程,改进教学方式,更好地完成教学任务,实现专业发展。在测评中,最重要的三个环节是:命题、组织与质量分析。

(1)命题

命好题才可能考查出师生的教学水平与实力。在这一点上,实习生要注意以下几个方面。

① 覆盖面广。所出题目要尽可能涉及所有教学内容,保证一定的覆盖面,相关基础知识、基本技能都要能够考查到,对于同一知识点的考查要减少重复率,尽可能只出现一次。

② 导向明确。在出题时要通过题目的形成来引导学生的学习方向,帮助学生清楚学习重点,使之成为学生学习、复习的重要依据。

③ 范围明确,重点突出。命题的范围要相对明确,着重对某一学期或某一单元进行考查,不宜超出学习范围,对学生产生误导。在出题时,要把握好一段时期内的教学重点,着重考查主要知识点,不宜出偏题、难题、怪题,而应该围绕教学重点出题,体现考试重点与教学重点间的一致性。

④ 严控数量。要给学生安排足够的答题时间,一般情况下所

出题目不能超过 90 分钟左右。在出题后要进行试做,以此为据并合理考虑学生的思考时间、检查时间,最终判断试题的总量与难度是否合适。

⑤ 用语规范,题意明确,表达清晰。在命题结束后,一定要在自己检查校正的基础上再请教研组内其他同学和科任教师检查、审定,确保题目的表达万无一失、不出差错。

⑥ 评分标准合理。每道题目的评分标准要科学,尽可能反映题目本身的重要性,排除按照教师情绪给分,影响评分的科学性。

(2)组织

在组织测评中,实习生要注意以下问题。

① 严格控制考试全程。要以严肃认真的态度组织测评,对学生进行细致的考试目的教育,严肃考场纪律,严格禁止学生的作弊行为,确保考试的公正性、考试结果的可信度,使考试真正成为师生共同了解教学情况的一个窗口。

② 科学组织评卷工作。要科学设计批阅程序,最好采取流水作业的方式,确保评分标准的一致性与评卷工作的公正性。评价客观题时,在评卷开始时先要核对参考答案,待答案确定准确无误后方可开始评卷,坚持严格按照核准后的标准答案给予准确评分;对于那些主观性较强的题目,要分档给分,设立评分的大致要求及其评分依据;对于那些正误不好判断的题目,评卷教师之间有分歧的答案,要请求评卷组给予集体评议决定。整个评卷过程要坚持有条不紊、仔细认真,不可粗心大意、马马虎虎,使评卷工作失去严肃性与客观性。

③ 登分造册。评卷工作完成后,要对学生成绩进行造册登记,形成相关档案,供学校领导、家长、上级部门查阅、参考,在未经相关部门同意的情况下不能对学生成绩进行各种各样的排名。

(3)质量分析

在考试组织完成之后,大家要对自己所带班级、所教学科的试卷、成绩进行全面分析,分析学生的易错题,总结其出错原因;发现学生的难点,对其成因进行探究;把握学生的学习误区,找准其症结;对学生的优秀率、及格率、合格率、转差率等进行全面分析,明确后续教学工作努力的重点。在此基础上,还要写出教学质量分析报告,提出教学改进的方向与对策,以之作为下一步提高教学质量的重要参考。

# 九、课后评议

　　课后评议即评课,是指实习生在授课结束后,实习小组组长或指导教师组织评议,反馈教学效果,分析教学成败,形成进一步的改进意见。评课是学校教学、教研工作过程中一项经常开展的活动,也是实习生在实习学校获得发展的重要平台。评课具有形形色色的类型,如观摩性评课、研究性评课、检查性评课与汇报性评课。在教学实习中,实习生面临的主要评课类型是研讨性评课和汇报性评课。

## 1.评课的意义

　　评课对实习生的专业成长而言意义重大。首先,评课是学习最新教学理念的途径。在评课中,指导教师、实习同学要以理服人,必须在评价一节课优劣成败的同时从教育理论的高度指明其错误的根源。这就决定了实习课的评价过程实际上是多种教学新理念交汇的空间,是实习生接受教学实践中倡导的最新教学理论的契机。其次,评课活动有利于帮助实习生总结教学经验,形成教学风格,不断提高教育教学水平。在评课中,实习生在教学中存在的利弊"暴露"于众目睽睽之下,指导教师与其同学能够帮助其指出缺点、发现优点,而这对本人来说常常是无法意识到的。可以说,实习生自身教学中存在的问题只有在"当局者迷,旁观者清"的评课环境中才可能被发现、被意识到。最后,评课是实习生及时反馈教学信息,进行自我调控,获得激励力量与发展动力的重要途径。评课是调动实习生学习积极性和主动性,促使其超越自我现状,走向专业成熟的重要途径。

## 2.评课的内容与指标

　　在评课中,实习生既是评课者又是被评者,无论身处哪种位置,在对一节课进行集中评价时,大家都要注意以下方面。

　　(1)教学目标评价

　　主要看授课是否同时实现了教学目标的"三维",即知识与技能、过程与方法、情感态度与价值观等。是否通过了种种方式、各个环节达到了预定教学目标,看其达到程度的高低与实现方式的科学化水平。同时,还要看本节课是否实现了对教学重点的凸显与教学难点的突破。

(2)教学思路与课堂结构评价

主要看实习生采用了什么教学思路来推进教学,其科学性与合理性程度如何,其内在衔接过渡及详略安排是否合理,看这种教学思路是否符合教学内容与学生实际,是否具有一定的创意与创新。在课堂结构上,要看实习生对教学时间的分配、对教学节奏的把握、对师生活动比例的安排、对各教学环节的整体安排等是否体现了现代教学理念与教学现代化的要求。

(3)教学活动方式评价

主要看教法是否得当、合理,是否体现了启发性原则,教学环节是否完整,课堂教学表现力、创造力、应变力如何,教学手段选择是否实现了预期效果,教师是否在教学中贯穿了一种改革精神与创新意识,整个教学过程组织是否体现了学生参与、学为主体、教师主导、联系生活等当代教学理念等。

(4)教学基本功评价

教学基本功是教师可以迁移到任何教学情境、教学时空、教学科目的教学认识与教学能力,如教学语言艺术、体态语言艺术、教学组织能力、课堂表现力、教师人格魅力、教学板书板图能力、教学调控能力、教学媒体选用能力等。对这些教学基本能力进行集中评价,有利于我们在每节课中获得专业长进,在上课中不断走向成熟。

(5)教学效果评价

主要看本节课的教学效能、教学效率与教学效益。效能上,主要看学生对知识、技能的接受情况,对教学活动的感受如何,课堂上的教学氛围是否热烈,是否照顾到了“抓中间,促两头”的要求,是否达到了让学生轻轻松松学会学懂相关知识技能的要求,是否在认识、人格、精神、方法上得到了整体性提高;效率上,主要看一节课的容量如何,看其对教学时间的利用效率,看其是否在短时间内获得了最大化的教学效果;在效益上,要看对教学活动的精力投入、资源投入、时间投入与教学收获之间是否协调,所付出的教学成本是否值得等。

在评课方式上,实习生初次参与评课活动,一定要坚持多欣赏少批评、多肯定少否定、多听多看、谨言慎行的原则,时刻用一种谦虚谨慎、勇于学习的态度对待评课活动。在评课中,始终坚持对事不对人、就课论课的原则,坚持切磋学习重于评判胜负的要求,最终实现以评促教、以评促学的预期目的。在评课时,实习小组一定要安排专人记录,尤其是实习生本人一定要做好记录,以便提高评课效果。

和上一节课相比,我的……教学优势还依然存在吗?

和上一节课相比,我的……缺陷还在重演吗?

和上一节课相比,我对学生的……态度有所改变吗?

和上一节课相比,我在……方面有新进步了吗?

和上一节课相比,我是否接受了……老师提出的建议?

和上一节课相比,我的教学设计有进步吗?这些进步主要表现在哪里呢?

…………

利用这种方式,实习生就能够对自己所上的每节课进行教育反思与跟踪,确保自己的教学效能逐步提高。

(4)回放课堂教学实录视频

在有条件的情况下,实习生可以依托实习学校的现代教学媒体设备对本节课进行视频录像。上完课后,可向相关部门索取录像资料,通过回放赏析的方式站在旁观者的角度上来评析本节课,全面审视自己的授课全程,观察评判自己教学行为与举措的情况,获得逼真的回馈信息,感受自己教学方式的成败。

在进行课后教学反思中要注意以下要求。

① 趁热打铁,宜早不宜晚。刚上完一节课后,实习生对这节课是有感觉的,但经过一段时间之后,这种感觉就会慢慢变得平淡,以致日益淡化,进而逐渐消失。因此,对一节课的反思应该坚持越早越好的原则,确保反思在课未变冷之前进行。

② 全面与重点相结合的原则。每堂课都是一个立方体,要看透它就必须坚持多视角审视的原则,即从各个角度来全面把握这节课,确保将这节课的优美之处与不完善之处悉数尽收,以确保对本节课全面了解与吃透。同时,对一节课进行反思时,还要坚持重点兼顾的原则,促使其教学优势与风格的培育。通过教学反思自觉培养起专业优势,获得自己在教坛立足的一块基石,正是教学反思的意图所在。

③ 教学反思与理论学习兼顾的原则。反思不是闭门造车,而是在一定教学理论参照下的反思,实习生的教学理论储备程度与深度直接决定着其教学反思的效能与水平。在教学反思中只有不断接触最新教学理论,尤其是当下教学改革中奉行的主导教学理论,才有可能将自己的教学反思活动融入教学改革主流,从而提高教学反思的品位与质量。

# 专题四

## 班级管理篇

班级管理是教师对学生进行思想教育、心理辅导工作的重要环节，是学校教育工作的重要方面。实习中，实习生在历练教学基本功的同时还必须学会担任一个班级的班主任，学会如何育人的知识与技能。班级管理实习（班主任工作实习）的内容是多样化的，班级常规管理、主题班（团）会组织、班集体活动开展、节日庆祝活动举办等等，都是班级管理实习工作的重要内容。班主任是天下职权最小的"主任"，然而又是在学生人生发展中影响最为深远、深刻的"主任"。与其说班主任工作是一种管理、领导工作，倒不如说它是一项服务活动。在班级管理实践中，实习生必须学会如何发挥组织的力量来构建一个团结协作、合力最大化的班集体，学会如何利用思想教育的力量来引导青少年学会做人处事，学会如何对学生的心灵进行价值引导，赢得学生的关心与重视。班主任工作的任务是艰巨的，效能是独特的。只有学会做班主任工作，才可能在课堂教学中游刃有余，充分发挥自己的主导作用与"平等中的首席"角色。

从内容上看，班主任工作实习包括一系列项目：从把握基本班情到协助原任班主任管理班级，从实习班主任日常管理到开展班级建设工作，从班会策划到转差扶优、开展家访等等。实习生只有细致地做好每一项工作，才可能迅速适应教育工作的节奏，成长为一名优秀的班主任。

# 一、把握班情

班情即实习班级的基本情况。了解班情是开始班主任工作实习的第一步，是准确制订班务工作计划，提出教育举措，形成工作方案预案的前提。当前，随着独生子女的增多，离异家庭子女、流动人口子女的增加，学生的构成成分日趋多元化、复杂化，要准确把握班级班情越来越需要智慧与精力的投入。准确、深入地了解班级班情，有理有据地开展各项班级管理工作，是达到"知己知彼，百战百胜"管理效能的切入点。

### 1. 了解班情:有效班级管理活动的行动起点

认识学生、研究学生、了解班集体是实习生实施有效班级管理活动的重要实习内容。对班级成员——学生认识的全面程度与深刻程度是决定后续管理活动能否达成预定目标,产生较高管理效能的重要变量与要素。

首先,因材施教,因人而异,实现管理对象与管理方式间的高度契合与一致,是有效班级管理实践的重要特征之一。在班级管理中,有效管理实践没有固定的模式与程式,只有变化中的、因时而异的个性化管理策略。有效管理的个性化特征就体现在它需要教师根据教学对象——学生的特殊情况与个性特征灵活地选择管理方式,创造出与之相适应的管理模式,最大化地满足不同学生个性化的需求,最终实现管理效能的最大化与最优化。因此,了解学生的各方面表现,并据此改进教学活动的组织方式与方法策略,是实习生有效管理班级的坚实基础。

其次,认识学生,发现问题,把握班情,是优化班级管理方式的入手点。在班级管理中,班主任了解学生,研究学生,读懂学生,从学生身上获得改进班级管理活动的基本信息,是创造一种与学生的学习基础与学习方式高度契合的理想管理形态的必然要求。学生的认识、经验、情感、态度总是不断变化的,认识学生的目的就是要使其对班级管理方式的选择、运用与学生动态的班情相适应、相同步。可见,不认识班级,不了解学生的成长需要,班级管理活动就可能成为空中楼阁,无效班级管理活动也会随之产生。

### 2. 班情的基本构成

认识班情是启动班级管理进程的首要工作,对学生特点认识的准确与深刻程度是班级管理活动有序推进的关键一环。学生是一个完整的人,有血有肉,有情有义,是有自己独特的知识、经验、思维活动的人;班级是一个人群集合体,在人与人之间的相互作用中,一些新的社会现象会随之产生,直接影响着班级的走向。要认清班级,认识学生,就必须认识人的各个方面,力求形成一种全面、整体的认识结论。以偏概全,先入为主,是导致认识上失误的根源之一,是误导行为决策的症结所在。没有对班级及其成员全面、深刻的认识作支撑,有效的班级管理策略与举措随时可能走向无效、失败。在实习中,实习生要搞清如下几方面班情。

（1）学生的年龄特征

人的发展是共性与个性的统一，同一个班级的学生一般都是同龄人，同一年龄段学生的身心发展上表现出一些一般的、共同的、典型的特征，这就是学生的年龄特征。不同学段的学生所体现出来的身心年龄特征会有差异：小学生天真烂漫，活泼好动，好奇心强，具体形象思维发达，记忆力强，注意力不够集中；初中生自我意识迅速成长，交友意识强烈，自主独立要求强烈，自控能力差；高中生抽象逻辑思维成熟，独立活动能力增强等等。这些特征是开展教学活动之前必须考虑的因素。针对不同年龄段的学生在管理方式、管理重点、管理对策方面区别对待，是把一个班级管好的起点。在对同一年龄段的学生开展集体教育活动时，实习生应充分认识到该年龄段学生在认识、经验、思维、情感方面存在的共同优势与缺陷，善于利用班级管理活动来为其优势的发展创造契机，促使学生群体的弱势得到补救，优势得到张扬，这些都是优化班级管理实践的重要思路。

（2）学生间的个性差异

如上所言，因材施教是有效教学的重要理念，关注人与人之间的个体差异，利用班级管理活动来促使学生个性化的发展，使学生个性得到充分发展，是现代班级管理实践的重要问题之一。班务管理的效能不仅体现在学生的共同发展、全面发展上，还体现在学生的差异发展上。社会需要的是各种各样的人才，学生的个性差异不但不应该被压抑，而且还应该对之进行刻意的呵护和培养。尊重与培养学生的个性是高效能班级管理活动的鲜明特征之一，认识学生个性差异是创造有效班级管理形态的另一重要条件。

所谓个性，是指学生与学生之间在身心发展方面表现出来的区别性与独特性，是一个学生独特的心理、精神、人格面貌的综合体。学生间的个性差异表现在许多方面，如在气质类型上，学生会有胆汁质、多血质、黏液质、抑郁质之分，有的学生开朗、活泼、健谈，有的学生沉着、冷静，有的学生言行举止缓慢，有的学生则动作敏捷等；在性格类型上，有些学生内向而有的则外向，有的倾向于场依存型而有的则倾向于场独立型性格；在兴趣爱好方面，有的爱好艺术而有的爱好体育，有的喜欢花草树木而有的喜欢禽鱼鸟兽等等。总之，不同学生之间总是存在着一定的差异与区别，只有将管理活动建立在对每个学生独特个性的认识基础之上，管理活动才可能产生预期效能。

（3）学生的"想法"和思维方式

学生毕竟不同于成人，他们是发展中的人，是有着自己独特想法和看法的人。只有把每个学生当做独特的"那一个"来认识时，班级管理活动才能融入学生的心灵，走进学生的世界，成为学生发展的助推器。在学生的生活中，每一个事物都有其独特的代码与含义，它可能与成人世界相差迥异。在小学生眼中，一只小蚂蚁可能会激起他们探究的热情，引起他们无穷的遐想；在初中生眼中，他们会离开父母，独立生活，一切事情由自己做主视为自己成熟的标志；在高中生眼中，有一群朋友，能够用自己的成绩来证明自己，能够在同学中树立起自己的形象与威信就是他们做人的标准……在不同年龄段的学生群体中，每个事物、每件事情都承载着特殊的意义，不同学生正是通过这些意义来实现与同龄人之间的交流与沟通的。要提高教学活动的效能，就必须躬身实践，俯下身来同他们打成一片，理解学生世界的沟通方式与认识倾向。"人心不同，各如其面"。这句话最适合表达和描述学生群体的生活世界。在面临同一事物或事情时，学生会用自己的眼光来认识世界，做出判定，做出决策，发出行动，其所遵循的思维方式、认识立场、价值倾向与成人有很大的差异。

在班级管理实践中，实习生只有及时转换自己的角色，善于站在学生的立场上来认识、思考时，才可能提出有效的管理对策，创造出有效的管理模式，最终优质高效地完成班务管理的预定任务。

（4）学生的潜质与潜能

人的发展既表现为一种现实状态，也表现为一种发展可能。与之相应，人的品质既有显在的，又有潜在的，从两个方面来认识学生是实现有效教学的应有视野。实习生不仅要看到学生外在的、可见可感的品质与能力，还要看到他潜藏不露的一面。因此，要深刻了解学生，就要既看到他们的现在又要看到他们的未来，既看到他们的现在品性又看到他们的潜在知识经验。这样，才能实现对学生的全面与深刻认识。

首先，认识学生的潜质是认识学生品性的重要内容。所谓"潜质"，就是指学生心灵深处存在的一种做人品质。在人的品性中，表露出来的叫品行，未表露出来的就是潜质。一般情况下，学生的许多品性常常以潜质的形式沉睡在他的心灵世界中，只有当他与人交往或遇到特定事情时这些潜质才能暴露出来，外化为学生的现实品性。所以，实习生不能以貌取人，而应善于观察，善于发现，尽可能"看透"每个教育对象,否则,对学生的认识可能会仅仅停留在表面,致使认识结论带上片面性,最终影响管理行为的实际效能。

其次,认识学生的潜能是认识学生可能发展空间的重要环节。人的发展是现实性与可能性的统一,学生是发展中的人,发展性是学生的独特一面。因此,教师要全面认识学生就必须既看到他的当下,又看到他的未来。开发学生潜能,拓宽学生的可能发展空间,把学生的潜能转变为现实能力,实现学生发展的最优化,是创建科学班务管理模式的努力方向。其实,没有培养,没有教学活动,学生的许多潜能可能永远处于被埋没、被压抑的状态。一位有效的教师,应该善于利用教学活动把学生的这些潜能发掘出来,培养起来,使之成为学生一生发展的基石。

（5）班级的班风与学风

班集体是个性与共性的统一,班风、学风是班集体共性的集中体现。所谓班风,是指在班级成员中存在的一种共同处事方式、处世态度、行为方式及心理氛围等,是班集体共同生活方式的反映。班风具有传染性,一种良好班风一旦形成,班集体中的每一个个体都会感受到一种压力感,他们就会自觉不自觉地按照班级倡导的处事方式与心态去行动,去做事。可以说,班风是一种隐性的教育力量,是每一个班级成员都无法抗拒的一种教育力量。班风的核心构成是学风。班级是一个以学习为主导活动的集体,学风是班风的核心构成。学风的形成既可能是部分优秀班级成员带动的结果,也可能是班主任大力倡导的结果。引导学生树立以学为重,创造一种浓厚的班级学习氛围,是班务管理的目标之一。为实现这一目标,实习生必须深入了解实习班级的班风与学风,掌握班级管理的切入点。

### 3.了解班级班情的途径

要全面准确地认识学生、了解班情,需要讲究认识的方式。在班级管理中,认识学生的途径是多种多样、不拘一格的,一位优秀班主任应该善于从实际出发,灵活地选择、创造、调配认识方式,努力实现对班级及其成员的深刻理解。在此,仅仅列举几种大众化的认识方式供大家参考。

（1）观察

观察是实习生了解班情的基本途径,是掌握班集体整体状况的主要方式。在班级管理中,观察是借助于自己的感官或辅助观察设备,如摄像机、录音机、照相机、放大镜等来仔细观看班集体某一方面的情况及其活动状况,进而获得对学生知识、经验、思维、个性方面的相关认识与资料的一种途径。观察学生的内容与方式不一而同。既可以观察学生的课堂表现、学生身上表现出来的种种细微变化,还可以观察学生的语言行为、学生的社交圈子、非正式群体、学习生活态度;既可以观察学生的生活方式,还可以观察学生的内心世界……同时,在观察方式上,既可以通过由观察提纲支持的结构式观察来进行,还可以通过开放性的无结构观察来进行;既可以通过隐蔽、自然的方式来观察,还可以通过告知被观察者、人为的方式来进行。总之,无论是通过什么方式观察获得的信息,都能为班级管理活动提供依据,都能为班级管理策略的形成提供帮助与支持。

(2)聆听周围人的看法

有时,直接观察所获得的信息具有一定的不真实性,因为人总是试图在进行"印象管理"(戈夫曼),尽可能地给他人留下一个好印象。其结果是,人在他人面前表现出来的形象与其在背后呈现出来的形象之间常常会出现偏差。因此,单凭观察是不够的,在必要时实习生还应该注意听取周围人对学生的评论,尤其是学生身边的"重要他人",如父母、其他教师、挚友等对他的评论。从某种意义上说,这种评论更具有真实性与可信性。在课余生活中,实习生要善于和学生、家长打成一片,时刻注意了解周围人对自己实习班级及其成员的看法与评议。这些看法与评议常常能够成为实习生深入认清班情及班级发展特点,有针对性地改进管理行动,提高管理活动实效性的重要信息来源。值得注意的是,在倾听他人对学生的看法时,一定要善于对这些看法和判断作出区分和识别,及时从中选出正确的信息,过滤掉错误或有偏差的信息,确保其对学生的认识是客观有效的,能够支持教学决策与教学判断。为此,具有一定的识别力和鉴别力是同学们学会倾听他人评议的基础,是开展班级管理实践的一项基本功。

(3)走访

走访班级的原任班主任,走访家长,走访学生群体,走访班干部,走访学生的邻里,走访学生的前任教师与其他科任教师,并开展专门座谈会,是深入了解班集体及其成员的另一重要途径。"兼听则明,偏听则暗"。当大家能够积极听取他人对某一学生的评论与评价,并积极用之佐证自己的观察结论,辅助自己的个人认识来对学生进行评判时,就可能形成对某一学生的准确认识与看法。在教学中,走访是必要的,走访是拓宽认识渠道,修正误区偏见的有力方式。走访的最大优点是可以亲身拜访某一学生的相关人群或个人,容易得到走访人的大力支持与积极协助。因此,要提高班务管理活动的效能,应该主动走出校园,走进家庭,走进社会,从各个角度与方位来形成对班级学生的认识与看法。做到了这一点,班务管理活动就可能得到更全面的信息支撑,教学举措、教学行动的预期效能就可能得到保证。

(4)查阅学生作品与成绩

班级及其成员情况不仅可以通过直接观察班集体及其成员表现的方式来了解,还可以通过查阅其档案与成员作品的方式来获得。在学校生活中,学生会产出各种各样的作品和成果,如学生的作业、绘画,学生的竞赛作品,学生交给老师的日记,学生参加各种比赛的成绩,学生的个人档案袋等等。这些作品和成绩从各个方面反映着班级成员身心发展状况,是洞察他们个人生活、学习状况的重要依据。所以,查阅学生的个人作品可以了解其个人发展状况,查阅一个班级或群体的作品可以了解整个班级或集体的发展状况。掌握了这些资料和信息,实习生就可以科学施教,增进班级管理的实际效果。

(5)创造表现机会

要了解班级成员外露的素质与品性,可以通过观察、走访、与人座谈的途径来实现,而要了解班级成员潜在的品性、品质、潜能,则需要采取其他途径与方式,即为班集体及其成员创造表现与发展的机会。如上所言,学生的潜质、潜能之所以处在人的意识阈限之下,是因为学生没有遇到表现的机会与时机,没有特定诱因或情境的刺激与激发。通过为学生创造表现的机会恰恰能解决这一问题,满足这一特殊要求。例如,创造一种道德事件、道德情境,为学生潜质的表露提供时机;给学生提出高于其现有发展水平且处在其潜能范围,即最近发展区内的问题,促使其潜能不断表现;为学生设置一定的实践活动,为学生潜质的应用提供用武之地,促使这种潜质向现实转化等等。实际上,教学活动并不神秘,它就是一种将学生的潜质、潜能转化为其现实的品性、品质、能力与认识的活动。只有将这些潜在的知识能力的转化作为班务管理活动的内容,班级管理的具体效能才可能得到实质性的提高。所以,创造表

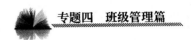

现机会不仅是一种认识学生、了解学生的途径,还是实习生创造高效班级管理模式的重要思路之一。

# 二、协助管班

经过一段时期的了解与熟悉,实习生逐渐对班集体及其成员有了大致的认识,此时就可以进入班主任工作实习的第二阶段——协助管班阶段。所谓协助管班,是指实习生在正式接手原任班主任工作之前,先通过担任实习班级的副班主任、辅导员等角色来协助原任班主任处理一些日常性班务管理工作,逐渐进入班级管理责任人角色,最终顺利过渡到正式接管该班级的过程。尽管在协助管班中实习生对班级管理工作不承担主要责任(因此,我们把班主任实习称为班主任工作见习),但它毕竟是实习生第一次担任班主任,如果没有认真负责的态度,很有可能影响其一生专业的健康成长。可以说,协助管班是实习生实现角色过渡与转换的桥梁,对该阶段工作的认真参与是积累管班经验,适应正式接管班级的打基础阶段。

## 1. 协助管班的工作内容

在协助原任班主任管班阶段,实习生一定要牢记自己的角色,摆正自己的身份,切忌在重大班级管理决策上越俎代庖,以免引起原任班主任的反感与抵触。因此,清楚自己的工作任务与内容对实习生来说是一件较为重要的事情。从管理角色来看,实习生只是原任班主任的助手,只能选择干一些班主任授权的辅助性工作,这些工作一般包括以下内容。

(1)开展对学生的常规性考勤

此项工作包括:按时检查学生到校、到班、到课情况,观察学生日常表现,及时记录在册,如若发生重大事故事件、存在安全隐患、学生经常缺课等情况,要及时向原任班主任报告,提醒他们加以关注,以防不安全事故发生。

(2)在重大班集体活动中充当好原任班主任的助手,合力做好各项班级活动

在重大节日期间,学校一般会定期开展一些全校性的集体活

动,实习生要协助原任班主任搞好这些活动的策划、实施、组织,尤其是在发现原任班主任工作疏漏时,要及时委婉提醒,帮助其把各项工作做得更好。

（3）协助原任班主任开展转差扶优及个别教育工作

在课余时间,主动辅导学困生以及学优生,检查、辅导这些学生的作业,为原任班主任出主意,想办法,商讨有效教育对策,解决好学生"吃不了"与"吃不饱"的问题,促使他们各自得到更好的发展与提高。

（4）协助原任班主任处理日常琐碎性班务

在班级中经常会发生一些鸡毛蒜皮的小事,如学生之间产生纠葛,相互产生误解,发生一些违纪事件等等,这些小事如果不能得到及时处理,很可能酿成后患,致使事态扩大,进而产生严重的后果与影响,甚至危及学生的人身或财物安全。在原任班主任抓大局、抓主流的同时,实习生要默默无闻地帮助原任班主任把这些小事情处理好,确保班级主要活动——学习、育人工作顺利进行。

（5）观察班级不良发展苗头,细致做好相关教育工作

班级是一个复杂的群体,有时看起来似乎风平浪静,但实际上可能暗藏危机,如果班主任能深入学生,善于观察,细心揣摩,许多不良班级发展苗头就可能被扼杀在萌芽状态,进而确保班集体健康发展。在这个工作上,实习生要善于眼观六路,耳听八方,在工作中多一根神经,对学生群体中发生的渺小事件不要轻易放过,而要多一点想法,深一点考虑,力求把各项教育工作做得细致入微,为原任班主任当好助手。

## 2. 协助管班中的注意事项

协助管班是一件需要讲求工作艺术的事情,如果实习生不注意摆正自己的角色,不注意管班的方式与艺术,不注意处理好与原任班主任之间的关系,就有可能失去许多学习机会,更有甚者,可能会被置于一种非常尴尬的境地。因此,在协助管班时,实习生必须注意一系列工作细节与工作方式,概括起来有以下几方面。

（1）明确自己的身份与角色

实习生一定要明确:自己只是原任班主任的辅助者、工作帮手、管理助手,不是独立开展班级管理活动的正式班主任,自己是一名学习者,不能随意逾越原任班主任的工作权力去行事,去"自由言论"。换言之,原任班主任是班级管理的主角,实习生在管理

中只是一个配角,应该扮演好自己的配角角色。实习生的这一特殊地位就决定了在处理某些事关班级大局的关键事情上,实习生不能随意表态,只能给原任班主任提供建议,为其充当智囊角色。在具体工作上,要多听、多看、多想、多做、慎言、慎行,与原任班主任之间保持一种相对清晰的分工。

(2)遇到重大事件,一定要及时上报原任班主任,征求处理意见

由于工作经验的匮乏,实习生缺乏处理重大教育事件的丰富经验,在处理这些事件时如果稍有不慎就可能引起重大教育失误,给班集体与当事同学带来不良后果。因此,如果在管班中遇到重大教育事件,实习生一定要注意掂量轻重,即使自己能够处理也要尽可能提前征询原任班主任的处理意见,不可我行我素,给班级发展带来负面影响。当然,如果遇到的是不安全偶发事故,实习生应该快刀斩乱麻,先斩后奏,及时予以解决,然后禀告原任班主任。

(3)真诚地向原任班主任提出工作建议

在协助管班时,只要大家善于观察思考,都能提出一些好的管班思路与做法,此时实习生可以寻找适当的时机,以适当的方式建议原任班主任。好的建议不一定人人都能接受,只有将其与真诚的态度结合在一起,这些建议才可能最终为人所接纳。因此,选择建议时机、注意建议方式是确保好建议被接纳的两大条件。在时机选择上,要利用和原任班主任开展工作交流的机会,尤其是在班级工作取得阶段性进展与成就,或班级工作遇到障碍的时候,这是原任班主任最欢迎建议的好时机。在态度方式上,实习生要注意语气委婉,多用商量的口吻,注意用词的选择,尽可能以学习请教的态度提出建议,即使提出的建议的确可行,也要用谦逊的态度提出。如若自己的建议被采纳,要提醒原任班主任,看看还有哪些地方不妥;如果自己的建议没有被采纳,也不要放在心上,要相信原任班主任这样做是有理由的。

(4)工作中遇事多请教、多商量

原任班主任毕竟最了解所带班级,拥有丰富的管理经验,也正因如此,他们才能够成为实习生的实习指导教师。所以,在工作中实习生要多和他们商量、交流,这个过程实际上就是实习生向他们取经、学习的过程。在业余生活中,实习生可以利用一些非正式场合和他们交谈管班经历,不断丰富自己的间接带班经验,拓展自己的知识面,储备一些应对班级偶发事件的经验与智慧。协助管班

有时可能是一件出力不讨好的事情,但实习生一定要明白:我们是来学习如何做教师的,而学习的直接对象就是原任班主任。因此,一定要在工作中尊重他们,理解他们,向他们讨教学习。学历代替不了经历,经历是最好的老师。原任班主任的丰富经历决定了他们在处事上要比我们成熟得多,向他们征求意见、请教良策是我们重要的学习方式。

# 三、班级建设

经过一段时间的协助管班之后,实习生大致了解了班主任工作的节奏与规律,知道了班主任工作的大致内容,积累了一些直接的管班经验,此时,就可以正式接管班级,开始相对独立的班务管理工作实习。在正式管班实习中,一般要完成的工作有六项,分别是班级建设、日常管理、班会策划、转差促优、心理辅导与家长工作等。在这些工作中,班级建设是启动班级管理进程的首要环节,是我们打开班务管理工作新局面的切入点。

所谓班级建设,主要指两个方面的建设工作:其一是班级管理组织建设,其二是班级管理制度规范建设,二者共同构成了班集体建设的内容。前一工作的目的是建立班集体的组织指挥系统,其核心环节是遴选班干部,组建一个指挥有力、率先垂范、勇为人先的班干部队伍或领导班子;后一工作的目的是要建立起班级运转的规则,确保其有序化、规范化运转,实现对班级的制度管理。这两项工作在开展中需要给予足够的关注与重视。

## 1. 班级管理组织建设

班集体的指挥系统是班级的首脑,是整个班级行动的最高决策机构。某种意义上说,教师的管理举措、管理思路也必须经由这个指挥系统的讨论、评议与确认之后才能付诸实践,善于组建并利用好这一班级管理指挥系统是班主任的智慧所在。班级管理组织的实体形式一般有两个:一个是班委会,一个是团支部,分别构成了班级的日常事务管理机构和思想教育机构。在班委会组织中,班长是核心人物,他的管理思想、处事方式、个性特征直接决定着整个班级的管理效能,其次是学习委员、劳动委员、文体委员、生活委员等,他们是班长日常管理工作的重要协助者。在团支部中,支部书记是核心人物,他是凝聚全班同学,决定班级舆论的关键人物,其所作所为某种意义上对整个班级来说具有示范功能,其次是组织委员与宣传委员,他们是班集体德育活动的重要策划者与建议者。班级管理组织建设的目的是建立一支精干有力、富于活力、具有朝气、团结一致的班级指挥系统。要达到这一目的,应该从以下几方面努力。

(1)慎选班干部

选好班干部是班级管理工作有条不紊推进的关键,事关班级管理工作大局。从管班经验来看,"抓大放小,分级负责"是班级管理活动的科学思路。班主任工作的主要任务是选好班干部,管好班干部,用好班干部,而各级班干部的任务则是管好同学,做好分内事。选好班干部,要注意两点:一个是深入了解,果断决策,另一个是适当考虑民意,体现民主管理。比较合理的班干部遴选方式是:班主任提名 + 投票选举。实习生在接管班级后,对整个班级应该有了比较完整的认识与了解,尽管如此,还是要尽可能再观察一段时间后提出班干部候选人。在确定班干部候选人时,应该坚持"学习良好是基本条件,热心工作是关键条件,管理能力是核心条件"等原则,全力把那些有工作能力,能够对全班同学学习、生活产生示范功能的学生遴选到班干部的岗位上来,切实提高班干部队伍的整体素质。在提出班干部人选后,实习生还应该选择适当的时机召开班级大会,利用一种比较正式、严格的选拔程序来最终选定班干部。召开选举会议的好处有两个:一是能够考察普通同学的民意,表达他们对班干部人选的意见,履行其民主管班权利;一是班干部选拔的过程本身就是一次重要的集体教育、道德教育活动,组织得好能够给学生产生积极的导向作用,促使其认识到班集体的存在,意识到班级管理的服务实质,进而自觉配合班干部的管理工作。

(2)科学组建班干部班子

有了优秀的班干部还不一定能够形成一个有力、有效的管理班子,只有结构合理、有机搭配才能形成一个良好的班干部集体。因此,在班干部选定之后要及时召集新任班委委员与团支部委员,及时讨论各自的管理分工问题,以形成相互配合、相互制衡、用人之长、补己之短的管理队伍。一般而言,班长与团支部书记需要具有两种性格的人来担任,前者需要具有泼辣大方、敢作敢为、顾全大局的性格,后者则需要具有谨慎细致、办事稳妥的性格。只有相互配合,一个有力有效的管理团队才能够顺利开展工作。

（3）定期开展班干部教育

班干部队伍组建完成后,一定要及时开展管理教育工作,提示每个班干部尽职尽责、富于创意地开展好各项工作,确保整个管理活动井井有条地进行。班干部教育的主要内容是:职责教育、工作艺术指导、工作能力培训等。通过这些教育,班干部就能更清楚自己的角色与任务,就能够把各项管理工作做得井井有条。在教育形式上,可以开展管理经验交流,可以学习优秀班干部的管理案例,可以对优秀班干部进行表彰,可以向学生传授一些实用的管理经验等。

## 2. 班级管理制度建设

在班级管理中,制度规范建设是班级管理的重要内容。俗话说"没有规矩,不成方圆",良好、完善、健全的班规班纪是班集体有序运转的保障。班规是班级管理工作的根本依据,是班级成员必须遵循的重要规范,是班集体存在发展的物质依托。建设班规、改进班规、强化班规的重要性,是班级管理制度建设的根本途径。所谓班规,是在班级集体生活中师生共同确认并自觉遵循的规章制度的总体,是班集体成员在集体生活中的共同行为准则。在班规班纪建设中,实习生应该从以下三方面来考虑。

（1）按照民主的程序制定班规

班规的价值在于全班同学主动认可它、遵循它,班级成员认可是班规具有效力的根源。在班级管理工作中,通过一定的民主程序来形成班规是推进班级制度管理的有效方式。在班规形成过程中,班主任可以先行一步和班干部进行讨论,形成班规草案,然后再提请全班同学讨论、审议。在必要的时候,班干部要对班规中大家有争议的条款进行全班表决,对于那些学生不能接受的做法要做好耐心解释工作,对于那些涉及个别同学利益的条款应该提前做好沟通工作,征求他们的意见。在整个班规制定过程中,最好要坚持边评议边修订、边实行边补充的策略,促使整个班规在实践中不断完成,成为班级管理的准绳。

（2）不断强化班规的权威地位

在日常管理中,实习班主任要及时组织学生学习班规,对照班规开展自省活动,促使学生把班规落实到自己的行为中。同时,在班级生活中,肯定会有违反班规现象的发生,一旦发现,一定要及时按照相应条款对学生进行批评教育。尤其是遇到那些挑衅班规班纪的人和事时,一定要坚持按照班规办事,确保在班规面前人人平等,确保班规对学生班集体生活的控制力。总之,利用各种方式提高班规班纪在班级成员心目中的重要地位,是充分发挥班规的管理功能,确保班规建设工作顺利推进的重要条件。

(3)树立典型,让班规管理生动化、形象化

班规是一系列条款的堆砌,久而久之,会让学生感到乏味、厌烦。此时,实习生应该善于利用树立典型人物的方式将班规管理具体化。譬如,在平时管理中,可以开展每周“遵守班规先进个人”评选活动,开展“模范执行班规小组”评比活动,及时将班级中遵守班规、按照班规办事的先进个人、典型事件公之于众、大力宣传,对不遵守班规的人和事进行严厉批评,限期改正等。通过这些方式,班规管理就会融入到学生的日常生活中去,成为他们处事的准则。

# 四、日常管理

在班级组织机构建设完成之后,班级管理活动就逐渐进入了正规化阶段,实习生此时应该按照班级管理计划,有条不紊地开展一系列管理活动,确保预期管理目标的达成。班级日常管理涉及学生学习、生活、安全等各个方面,是一项复杂而又细致的工作,与学生密切相关,事关正常教学秩序与班级教育教学活动的正常开展。同时,它是对学生思想、学习、做人、处事等方面进行全面教育的根本途径,是一切班级管理工作的支撑点,是班主任工作的主要内容。

## 1. 班主任日常管理工作的内容

在日常管理活动中,班主任工作的内容是多样化的,主要包括六项内容:纪律管理、学习管理、班干部管理、卫生管理、心理健康教育、安全教育,每项都包含着具体而丰富的内容。

(1)纪律管理

学生纪律管理是保证班级正常秩序的关键,是班级日常管理

的基本内容,主要包括:带领学生学习《中学生日常行为规范》《中学生守则》《班规》等规章制度,尤其是要引导学生讨论班规、学习班规,使之成为所有学生共同认可并坚持遵循的共同规范,实现学生的自律与自管。

（2）学习管理

学习活动管理与学习目的态度教育是班级日常管理的重中之重,是班级管理活动的聚力点之一。实习班主任的主要任务是协助科任老师开展好日常教学工作,包括了解学生作业收交情况,及时予以督促完成;了解学生上课听讲、纪律状况,必要时协助任课教师对学生进行教育,保证课堂教学活动有序高效进行;进行学习目的教育,帮助学生端正态度;开展学习方法、学习经验方面的交流会,指导学生提高学习成绩;协调各科任教师,摸清偏科学生、学困生、学优生,协助任课教师开展课后辅导,提高班级学生的各科合格率、平均分、优秀率、转差率等。

（3）班干部管理

实习生要重视对学生班干部的管理与教育,必要时开展轮流值日值周制度,通过值日班长、值周班长做表率来提高学生的自律能力,做到"人人有事做,事事有人做"的管理要求,充分发挥每个学生参与班级管理的主动性与积极性。同时,班主任要加强对主要干部的工作培训与工作方式指导,培养他们的服务意识、责任意识与创新意识,有效提高班干部的整体素质与管理水平。

（4）卫生管理

保持教室内外的整洁、卫生,既有利于学生的身体健康,有利于学生在干净整洁的环境中体会到身心的愉悦,还有利于锻炼学生的动手能力,增强其热爱劳动的意识与情感。在卫生管理方面,实习班主任要健全值日制度,及时分派值日生,落实卫生责任制,确保班级卫生管理工作井井有条。还应该建立卫生检查与评比制度,开展个人卫生、小组卫生打扫情况评比,在检查与评比中提高班级卫生工作的水平。

（5）心理健康教育

实习生要及时了解学生中存在的心理异常行为,了解特殊儿童,如父母离异孩子、不良家庭子女、单亲家庭子女、外来学生等存在的心理问题,及时对他们做好心理健康教育,排除心理障碍,并通过细致的工作帮助学生解决心理问题,增强心理素质,引导其以积极的心态去适应环境、面对生活,培养他们应对挫折与打击的心理素质,确保其心理健康成长。

(6)安全教育

安全是班级日常管理的一件大事,实习生必须时刻保持警惕,确保学生在校期间的人身与财物安全。要注意及时检查学生中存在的安全隐患,做到及时发现,及时上报,及时排解。在日常管理中,要强化学生的自我保护意识,经常开展人身安全、交通规则等方面的教育,要求学生按照宿舍、课堂、学校的各项管理规定行事,形成一个安全、有序的学习、生活环境。同时还要通过各种形式,如集中开会,个别谈心,开座谈会、班会、主题团会,观看影片等多种活动,让学生学习安全知识,提高自我保护意识与能力。在日常管理中,还要有安全意识,注意发现安全隐患并及时排除,杜绝一切不安全事故的发生。

## 2. 班主任日常管理工作的阶段性内容

具体而言,在实习期间,实习生要做好以下细节性、阶段性的班级日常管理工作。

(1)一日常规工作

① 每天定时检查班级学生出勤情况,了解并登记缺勤情况,及时了解原因,必要时与学生家长取得联系,遇到非正常不到校情况要及时向学校上报。

② 每天提前到班级观察,关注学生的身体、学习、生活与精神面貌,了解班级各项工作开展情况。

③ 检查、督促班级卫生打扫工作,做好教室、班级清洁责任区的保洁工作。

④ 组织学生按时有序地参加各项教育教学活动,如升旗仪式、"一课三操"、学校集会活动。

⑤ 注意班级公物保管情况,及时发现损坏情况,调查损坏原因,开展爱护公物意识教育及公物赔偿工作。

⑥ 检查学生衣着卫生、校徽团徽佩戴等情况,对于不良行为及时予以纠正。

⑦ 督促学生记好班级日志,完成学校布置的任务。

(2)一周常规工作

① 检查学生宿舍卫生、安全、就寝纪律情况。

② 开好班会,让学生参与班级管理或组织班集体活动,活跃学生在校生活。

③ 有计划地开展个别教育,对特殊学生做好课后交流工作。

④ 在周会时间对班级上一周工作情况进行全面小结,总结经验,进行表扬或批评。

⑤ 定期开展家访工作,开展与科任教师的联络工作。

⑥ 加强对学生的法制、安全教育,教导学生不伤害别人、不被别人伤害。

(3)一月常规工作

① 精心组织一次较大规模的主题班会,增强班集体的凝聚力与吸引力。

② 召开一次班(团)干部会议,及时开展工作交流,及时调整班级管理思路。

③ 开展一次班级状况总评,鼓励学生一起努力,以饱满的热情搞好学习工作。

(4)一学期常规工作

① 制定好班主任工作计划,筹划一学期的主要班级管理活动。

② 做好学生稳定工作,引导学生树立纪律意识、安全意识、学习意识。

③ 组织学生参加阶段性考试,指导学生开展复习、迎接考试。

④ 按时完成班主任工作小结,做好评模树优工作,评选"三好学生""优秀学生干部"。

⑤ 协助学校做好班级各项费用的收支清算工作,向全班公布发票和结算情况,让学生清楚班级收支状况。

⑥ 培育班级的班风与学风,构建良好的人际关系,营造良好的学习氛围,培养健康的班集体舆论,不断提高班集体的战斗力与凝聚力。

# 五、班会策划

组织班会是实习班主任工作的一项重要内容,做好此项工作对于学生的全面发展、个性发展具有重要意义。每次班会都有一个主题,故班会也常常被称之为主题班会,是指班集体同学围绕一个教育主题,在班主任指导下,全班同学积极参加,通过学生自己组织、自己主持、自己开展进行的一种集体教育活动。主题班会是班主任教育工作的有力手段，具有以下教育功能。

其一，在主题班会上，可以针对班级中存在的问题，选择相应主题开展活动，发动全班学生开展与此相关的自我教育活动，其目标明确、问题集中、形式新颖、受人欢迎，能够及时有效地对学生进行为人处世方面的指导与教育，进而对学生产生多方面的教育功能。

其二，主题班会常常采取多种形式，如讲演、报告、竞赛、舞蹈、戏剧、歌唱、文艺活动等，能够激起学生的参与热情，激发学生的想象力与创造力，适应中学生心理发展的特点和需要，从而起到活跃班级气氛，鼓励学生表现，促使学生的个性得到发展。

其三，主题班会的开展能够把全班每个成员都吸引到、组织到集体活动中来，使每个学生都体会到自己作为班集体主人的地位，从而大大增强班集体的凝聚力、吸引力与向心力，成为全班同学的精神家园与心灵归宿。

最后，班级主题班会的开展能丰富学生的集体生活，促进学生聪明才智、个性、爱好兴趣的培育与发展，有利于发掘学生的多方面潜能与才艺，进一步加强对学生的全面教育和个性化培养，促使其成长为具有一定特长的人才。

在班级主题班会的开展中，实习生要注意以下几点。

## 1. 班会内容与形式上力求多样化

主题班会的内容应该是丰富多彩的，以此来吸引学生参与，这些内容有以下几方面。

（1）学习指导

针对学生学习上的困难，如学习动力不足、学习方法不当、学习信息不足等开展主题班会，以此服务于学生学习活动的开展。

（2）思想教育

这也是主题班会的常见主题，如可以配合学生的纪律教育、美德培养、生活习惯形成等开展相关主题班会，以此来实现对学生思想道德素养进行全面培养与提升的目的。

（3）生活指导

可以针对学生日常生活中的一些现象，如互送礼物贺卡、感恩父母等开展相关主题班会，及时对学生的价值观、人生观进行引导。

（4）审美娱乐

教师可以通过开展一些审美娱乐活动、游戏活动来对学生进行审美教育、协作教育,培养学生的审美素养。

主题班会的形式应该是多种多样的,这样才能激起学生的参与热情与兴趣。可以采取以下形式。

（1）讨论式

通过漫谈、座谈、同学讨论、集体会议等形式来就某个共同主题、话题、问题开展辩论、议论、交流,这种主题班会的形式较为常见。

（2）才艺式

借助于演唱、讲故事、朗诵等形式促使学生展示他们的才艺,借此实现对学生进行思想品德教育、才艺培养、活跃学校生活的目的。

（3）郊游式

通过参观、访问、瞻仰英雄纪念碑等形式来对学生进行各种主题,如爱国主义、集体主义、社会主义、艰苦奋斗等方面的教育。

（4）报告式

通过召开各种形式与主题的报告会向学生介绍英雄、模范、劳模等的光辉事迹,向学生进行革命传统教育、理想教育等。

## 2. 慎选班会的主题

一次班会一般只能有一个主题,以此来强化教育效果,聚焦教育活动。选好主题是组织好班会的前提,实习生应根据学校教育目标、班级集体建设的需要和学生中发生的一些特殊问题来确定教育主题,增强主题班会对学生的吸引力、感染力和教育力。选择班会主题时要坚持以下几个原则。

（1）针对性

班会主题的选择必须从本班学生实际情况和实际需要出发,结合学生的思想与学习情况有的放矢地选择,以达到有力的教育效果。因此,班会主题的选择一定要符合青少年学生的心理需要、生活特点,尽可能引起学生的兴趣,激发他们的热点与兴奋点,引起他们的热烈讨论。譬如,对于初一、高一学生,班会主题应该以帮助学生适应新的学校生活为主题,而初三、高三学生的班会主题应该以复习应考、毕业升学就业等为主题,而对于初二、高二学生而言,应该以学习信心、生活习惯等方面的内容为依据来选择主题。

（2）价值性

班会主题的选择应该有价值,能够对学生的学习、生活产生实际帮助。在选择主题时既要重视娱乐性、趣味性,又要注重知识性、意义性,既要关注时代性、新鲜性,又要关注效能性,确保班会的组织对学生的学习、生活能提供帮助。

（3）集中性

主题集中能够保证教育的深度,能够聚合各种教育力量于一点,达到集中攻克教育难题的目的。一次班会最好突出一个主题,集中解决一个问题,大力歌颂一种精神,注重培养一种品德,避免杂乱无章、冲淡主题、影响教育效果。否则,会使学生无所适从,难以收到良好的教育效果。

## 3. 精心设计班会的进程

在开展主题班会时,实习生可以按照以下程序依次推进。

（1）构思阶段

在主题选定之后,大家要围绕主题,精心构思,尽力突出主题,从内容安排、环境布置、时间顺序、会址选择、设施配备等方面进行精心构思,全面细致地筹划班会过程。

（2）准备阶段

要在构思与设计完成后积极围绕主题,做好全面准备工作,全面发动班级成员参加,进而确定好进程,确定主持人,选好发言人,绘制相关评价图表,写好发言讲稿。应该说,对班会的准备越充分、越细致,越能收到预期的效果,越能提高班会的品位。实习生要提前做好两项准备——精神准备和物质准备。在精神准备方面,要调动班干部和每个学生的参与积极性,使每个学生都自觉投入各项准备工作中;在物质准备方面,要把主题班会要用的东西及时准备齐备,如会场布置用的鲜花、图片、墙报、画像、设备等,尽可能做到井井有条。

（3）形式选择

要和学生一起围绕班会主题,选择活泼多样的活动形式,提高学生的参与度。可以根据学生的不同特点和班级的不同情况,采取千差万别、各具特色的活动形式,并使一切形式的选择服务于班会主题的表现与预期目标的实现。有许多组织形式可供选择,如主题报告会、讲演比赛、座谈会、辩论会、野外活动、社会调查成果汇报、文艺表演、技术操作和实物交流等,实习生宜根据班会主题内容,考虑班级学生的条件、活动时间,以及成本大小来灵活选择组织形式。

(4)人选安排

在班会设计中,实习生要注意充分发挥学生干部在筹备、组织和主持主题班会中的作用,让学生当主人,自己做参谋,尽量一切让学生自己组织,不搞包办代替。

### 4. 有条不紊地召开班会

召开班会是主题班会组织步骤的中心环节,要注意引导、幕后组织,确保整个过程有序推进。

(1)严格按照议程召开班会

在召开班会时,要引导学生按照预定程序推进班会,力求使整个过程既严肃认真又生动活泼,既热烈紧凑又和谐愉快,使全班学生在班会中接受到良好的思想教育与熏陶。在进行中,如若程序需要调整,一定要集体讨论,不可随意改动。

(2)幕后协助主持人开好班会

主持人可以是班长、班委或其他人,他们是班会的总领,要从背后给他们出点子,想办法,及时处理偶发事件与问题,保证班会顺利进行。

(3)注重气氛调节

在班会实施过程中,一定要讲究气氛,鼓励学生主动参与,大胆发言,畅所欲言,尽情表现,充分展示,不断把班会推向高潮。要提醒主持同学调动学生感情,对学生的表现、表演要多表扬,多肯定,多鼓励,以调动他们的参与热情,防止冷场。

(4)会后要做好班会小结

班会完毕之后,一定要对班会组织情况作出恰当的评价,肯定成绩,指出不足,升华主题,提出下一步改进建议。同时,还要注意给部分学生提供发言机会,让他们表达参与班会后的体验与感受,加深他们对班会的印象,强化班会组织的效果。

在班会策划与组织中,提高组织效果,实习生需要注意以下三个问题。

(1)定好题目

题目是开好班会的前提,班会题目的选择应力求体现三点——科学性、新颖性和时代性。班会内容的选择要集中,要有针对性、时代感和说服力。

（2）学生为主

要善于充分发挥学生的主体作用,调动学生的参与积极性,始终将学生看作班会活动的主人,实习生只是一名辅助者、建议者、促进者和参与者。要善于启发、引导班委学会分析思考,全程策划,统筹大局,对学生进行分工,安排相关事宜,确保整个班会活动顺利进行。

（3）全面筹划

班会活动涉及许多方面,需要实习生去协调,去考虑。从前期准备到过程监控再到后期小结,都需要实习生精心考虑,全面安排。这是对实习生组织能力的一次综合考验,一定要统筹全局,周密安排,使自己的综合专业素养在班会组织过程中得到全面锻炼。

# 六、转差促优

转差促优是实习生教育实习活动的重要组成部分,是学会开展个别教育,实施差异教学的有效途径。不同学生之间在学习水平、实际能力方面会有很大差异,教育教学活动只有因材施教、因人而异才能确保全班学生在班集体活动中受益,"抓两头,促中间"是班主任工作的有效策略。个别教育工作包括两个方面:一是转变差生,帮扶学困生,二是提高优等生,解决他们"吃不饱"的问题,使其更加出类拔萃,提高班级的优秀率。

## 1. 做好"转差"工作

差生又称学困生,从字面意义上看,是指那些学习成绩较差的学生,实际上差生也是班集体的一个成员,他们与其他同学学习成绩间的差距只是暂时的,只要指导有方、教育有力,差生很快会脱掉"差生"的标签,取得迅速的进步与发展。换言之,差生差或不差,关键在于班主任与任课教师的辅导艺术。要转变差生,实习生应从以下几方面着力考虑,采取措施。

（1）正确认识差生,树立正确的差生观

在同一个班级里,学生之间出现差异是很正常的事情,就像十个手指头伸出来会有长短一样,学生中有的品学兼优,有的学习成绩差,有的思想品德差,有的纪律观念差,有的品学兼差(即"双差"),这是一个不争的事实。教师是促使其成长的人,有责任让每个学生在学业与品行中获得成长、成功,走向成才。必须看到差生的暂时性和发展性,用成长的、积极的眼光来看待他们。实践证明:人与人之间在智商上没有太大的差异,差生的形成主要是后天教育环境与学习不努力等原因造成的,其学业失败的主要成因是学习者个人的不良学习态度、学习方法与缺乏鼓励等。因此,差生是可以转变的,差生的形成不能说明教育对于改变差生的无力,而是因为教师的教育活动不力,因为教师没有给予差生应有的指导与教育。一句话,差生并非无可救药,并非全部都差、样样都差。学习差、品行差只能代表他的一个方面,不能以一概全,把差生一棒子打死。"尺有所短,寸有所长",差生有他们的闪光点,克服对他们的偏见,用可转变、可改进、可挽救的观点来教育他们,是班主任帮助学生走出困境、走向成功的应有对策与想法。

(2)关心、尊重差生,对他们寄予期望

实践表明:许多差生的形成往往与长期受到教师、家长的批评、训斥、冷落、惩处有关,这些不当教育方法使他们在情感上对学习活动失去了信心,认为自己"先天不足,低人一等",久而久之失去了学习的坚定信心。实际上,差生渴求得到师长更多的关爱、关心与关注,他们对情感、对爱心有着更强烈的需求,他们迫切希望得到师长的理解、尊重、呵护与支持。因此,实习生要转变差生,就必须给予他们更多的感情投资和爱心关怀,尽可能体谅他们,支持他们,鼓励他们,成为他们的良师益友。

(3)唤醒差生的自尊感,激活差生的自信心

差生在学习上失败的重要原因之一是他们不能正确地对待学习上的挫折,不够自信,进而在一次小小的失败面前感到自惭形秽、自愧不如,失去了自信心和自尊感,产生自我贬低、自暴自弃的念头。因此,要转变差生,必须从唤醒他们的自尊心,恢复他们的自信心着手,给他们创造体验成功的机会,体验成功的喜悦,逐渐唤醒他们的自尊心与自信心。每个学生身上都有自己的优点与长处,要有一颗善于发现的心,让差生看到用自己的优点来克服自己的缺点,用自己的长处来弥补自己的缺陷,就一定能够走出学业不良、品行不端的低谷,迎来人生的春天。

(4)多鼓励,多表扬,少批评

鼓励是帮助差生恢复学习信心的绝招,让学生在接受鼓励中

看到自己的潜能、优势与长处，看到自己的提升空间是转变差生的有效途径。任何人都有受到鼓励的需要，都有对表扬与肯定的需求，鼓励学生就是一种肯定性的评价，一种对学生优点的发现与发掘。人是一种渴望得到表扬的动物，表扬是人的一种基本社会性需要，在表扬中成长是中学生取得进步的捷径。表扬能够让差生看到自己的优点，认识到自己的进步，从中得到鼓励和激励，其学习动机随之被强化；反之，批评可能抑制差生对学习的热情，压抑其道德进步的动机，给他们道德的发展与学习的进步带来阻力。在表扬鼓励差生时要注意做到以下几点：①善于捕捉差生身上的"闪光点"，注意选择表扬的时机，尽可能在学生有进步时及时予以表扬、强化，不断扩大他们身上的积极行为；②多用鼓励性、激励性语言与学生对话，让表扬与鼓励深入学生的内心世界；③注意表扬的场合，适当在全体同学面前表扬差生的进步，增强表扬的效果；④表扬次数要适当，表扬态度要真诚，尽可能做到有理有据；⑤要善于引导学生正确归因，清楚自己进步以及受表扬的真正原因，让其意识到学业与品德的进步是个人主观认识改变与自我努力奋斗的结果，使其逐步相信人定胜天，没有自己做不到的事情，自己的前途与命运操控在自己手中。

（5）等待转化时机，及时跟进教育

差生之所以容易产生对外来教育的抵制心态，产生对教师的抵触心理，是因为他们在学业、做事的失败中渐渐将自己和外部世界封闭起来，进而对外来教育产生了逆反心态。因此，试图一下子转变差生的想法注定是不可能成功的，我们必须以理解的态度、宽容的姿态、期待的心情等待他们心灵发生转折的契机。这种契机常常发生在学生人生、学业、交往受挫的关键时刻，此时如果班主任老师及时跟进教育，差生就很容易从心底接纳教师，接纳外来的教育力量。一般而言，学生人生、生活、学业受挫时刻是他们最为脆弱的时刻，平日的自高自大、摆架子心态可能会一下子被抛在一边，此时他们对外界教育会呈现出一种开放、期待的状态。所以，找准这一时机是实习生顺利进入差生心灵世界，将教育力量切入进去的关键。

（6）多管齐下，增强教育合力

差生的形成是长期学习失败、人生受挫等经历不断积累的结果，要转变他们绝非一时一刻所能为。因此，要彻底转变差生，应该坚持多管齐下，聚合各种教育力量，形成对差生的教育"围剿"之势,确保转差成功。在具体工作中,实习生可以动员、利用各种教育力量来集中教育差生,如走访家长,争取家长支持;请示学校,寻求学校相关教育机构,如心理咨询中心、德育处等的支持;可以请教原任班主任,动员他也参与到转差工作中来;可以联系科任教师,开展联合教育,共同进行教育干预,为差生转换成功提供一个立体、良好的教育环境。

### 2. 做好"促优"工作

优秀生是班级中的学习骨干,是班主任及各科任教师的助手,是全班同学学习的表率,创造一种优秀生脱颖而出、不断进取的教育环境,是促使班集体整体提升、班主任工作走上新台阶的重要手段。但在实践中,由于集体教学、课堂教学是我国中小学开展教育教学工作的主要形式,教师在授课中只能坚持"以中等生为主要对象"的授课原则,力保大多数同学在学业上获得成功,而少数学生,如差生与优等生则处在课堂教学的边缘地位,这就使优秀生难以从一般水平的课堂教学中受益并获得更大进步。所以,解决好优秀生"吃不饱"的问题,为他们创造一个良好的学习环境,就成为班主任必须重视的一项工作。在促优工作中我们可从以下几方面努力。

(1)呵护优秀生的学习积极性

优秀生的优秀成绩归因于其对学习的积极态度。优秀生知识基础较好、聪明颖慧、思维活跃,在课堂上表现出较强的学习动机与较高的学习热情,教师只要对之稍加呵护就能够促成他们的学业成功。因此,对优秀生的教育,采取的首要举措是鼓励、肯定与支持,给他们布置挑战性的作业,激起他们自己求学的内驱力,而直接的学业指导则位居第二位。培养优秀生大胆实践,不怕出错,敢于挑战,增强信心,是班主任促优工作的关键。但是值得注意的是,优秀生的积极性极容易受到挫伤,尤其是他们认为受到教师冷落、忽视的时候,他们的学业进步受到短期的阻力时,这种受挫感很容易出现。许多优秀生,由于常常在班上位列前茅,一旦一次考试失利,在学习中遇到挫折,就极易受到心理伤害,产生感情的波动与低落情绪。在此时,实习生一定要善于观察,及时对他们进行精神鼓励,增强他们克服困难的勇气,锻炼他们承受挫折的能力。

(2)鼓励学生提问、质疑,与老师展开讨论

敢于提问、勇于提问、善于提问是优秀生之所以出类拔萃的重

要原因,故要鼓励优秀学生质疑问难,与教师展开讨论,不断提高他们的思考能力,锻炼他们的思维方式,培养他们发现问题、探究问题的能力以及创新意识、创新能力。在课堂上,可以有意识地培养他们的提问意识,在课后要积极同他们交流,鼓励他们给自己提出更具挑战性的问题,自己去思考解决途径,在自学自研中取得进步。

(3)专辟课余时间对优秀生进行特殊辅导

在课余时间,要给班级中的优秀生专门开辟学习时间,如第二课堂、自习辅导等,对优秀生进行专门训练,鼓励学生归纳知识、深入思考、触类旁通、举一反三、挑战难题等。在辅导时间内,应该主动联系各位科任教师,希望他们给优秀生专门指导自学内容,安排高难度的训练题目,提出更高的学习要求,这样就可以通过检查学生学习情况来确保优秀生的持续提高。同时,在辅导过程中,作为实习班主任,大家还可以通过开展学习经验和学习方法交流、开展难题研讨等方式让全体优秀生在共同学习、相互帮助中取得进步,鼓励优秀生之间的比、学、赶、帮、超行为,让优秀生获得与其资质相适应的教育训练,获得更大的进步与提高。

(4)对个别优秀生开展"一对一"式的指导

每个优秀生的情况不同,风格不同,优势不同,在学习上各有特点和长处,譬如有的学生思维活跃,反应较快,记忆力强,但考虑问题却欠周到妥当,容易犯粗心大意的毛病;有的学生做事特别细心谨慎,善于总结归纳知识要点,记录课堂笔记,但只局限于课本知识,课外知识匮乏,不敢大胆质疑;有的学生天生资质聪慧,思维敏捷,但在做事时却老动歪脑筋,聪明用不到学习上来。对这些学生,必须开展个别辅导,开展"一对一"式的指导,针对他们各自的优缺点,协助他们制订个人学业进步计划与举措,开展专项提高性训练,强化他们的自学能力,以期让每个优秀生都最大限度发挥自己的潜能,得到相应的进步与提高。

# 七、心理辅导

中学阶段是中学生从"心理断乳期"走向"心理成熟期"的过渡

性阶段,是学生心理发展变化急剧的时期,要做好对他们的思想人格教育工作就必须具备一定的心理咨询与辅导知识,懂得基本的心理咨询原则与方法。通过心理咨询与辅导,增强对学生的心理援助,是提高班级管理效果的重要途径。

### 1. 中学生常见心理问题及辅导目标

针对中学生常见心理问题的主要表现,实习生要进行及时相应的辅导。

(1)学习焦虑辅导

主要涉及学习成绩不良给中学生带来的困扰与烦恼,对考试产生的心理紧张状态与考试失常、失利问题的辅导,学业失败后的挫折教育,学习问题咨询,如提高学习效果、效率等方面的心理辅导,学习时注意力不集中、学习压力大等方面的辅导与咨询等。

(2)人际关系辅导

主要涉及对家庭生活不如意方面的心理辅导,消除亲子关系隔膜方面的心理辅导,处理家庭关系方面的辅导,父母高期望值与学习精力不济之间矛盾的疏导,师生关系、同学关系纠葛方面的心理辅导,心理闭合现象的心理辅导,社会交往方面的心理辅导等。

(3)人格发展辅导

主要涉及两极性性格矫治与辅导,情绪波动方面的辅导,多虑、疑心太重、不信任人方面的心理辅导,人格偏执现象的辅导,做事迟缓、漫不经心方面的辅导等。

(4)青春期辅导

主要涉及异性交往方面的辅导,青春期心理辅导,恋爱、早恋等的心理辅导,正确性别角色建立方面的辅导,性知识方面的辅导等。

实习生在担任实习班主任期间,要通过对以上问题的专项辅导努力达到以下目标。

① 帮助中学生学会与同年龄男女同学间的正确交往,灵活处理同学关系中出现的矛盾与危机,建立深厚同学情谊。

② 形成正常的男性、女性角色,促使中学生实现性别社会化。

③ 能够独立地体验、控制、驾驭自己的情绪、情感,独立地掌控自己的情感生活。

④ 为中学生准备选择职业与升学做好心理准备,做好胜任成人角色的心理准备。

⑤ 帮助中学生确立独立生活、独立承担责任的社会信心。

⑥ 作好中学生未来恋爱、结婚与组织家庭方面的心理准备,形成正确、健康的婚姻观、家庭观。

⑦ 帮助中学生掌握作为一个公民应该具备的知识、技能与态度。

⑧ 帮助中学生确立以学习为核心价值的道德倾向系统,正确处理好学习与其他社会活动之间的关系。

### 2. 中学生心理辅导的原则

为提高心理辅导的效果,必须遵循心理辅导的原则,有序地介入学生心理世界,开展心理辅导。在班级管理过程中,实习生要遵循以下基本辅导原则。

(1) 学生自愿

在心理辅导的整个过程中,实习生一定要按着中学生的个人意愿开展辅导,灵活选择心理辅导的时机、方式,尊重中学生的辅导意愿,在他们自愿接受教师心理辅导的情况下开展辅导。对于那些有严重心理障碍的学生,要做好诱导工作,促使他们产生接受教师心理辅导的意愿,然后再开展相关辅导工作。

(2) 争取信赖

中学阶段是一个喜欢标榜独立自主,亲近不同朋友的特殊人生发展阶段,是一个渴求"成人感"的重要阶段,对成人世界极易产生不信任,甚至产生抵触心理,致使家长、父母难以接近他们。因此,在开展心理辅导时,实习生必须摆脱"权威"的姿态,放下师长的架子,应该以朋友的身份同他们展开交往,以大哥哥大姐姐的身份同他们展开交谈与对话,以赢得他们的尊重与信赖。

(3) 相互理解

在中学生遇到心理障碍、心理困惑时,常常迫切期待得到他人,尤其是班主任的关怀和支持,希望他们来帮助自己走出心理阴影,回归阳光心态。此时,要给予学生充分的理解与关注,提供无条件的心理援助与精神辅导,以无私的心态启动心理辅导工作,不可拈轻怕重,刻意回避问题。在心理辅导中,实习生要以坦诚的心理与他们沟通、交流,给他们以心灵上的爱抚与精神上的导引,给他们以爱心、宽容和理解,促使他们把自己视为贴心人与人生知己。

(4) 方式科学

在心理辅导中,要尽可能接触一些科学的心理咨询技术,在科

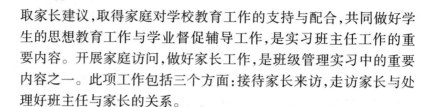

取家长建议,取得家庭对学校教育工作的支持与配合,共同做好学生的思想教育工作与学业督促辅导工作,是实习班主任工作的重要内容。开展家庭访问,做好家长工作,是班级管理实习中的重要内容之一。此项工作包括三个方面:接待家长来访,走访家长与处理好班主任与家长的关系。

### 1. 接待学生家长来访工作

接待学生家长来访,开展家校沟通,也是班主任工作实习的重要一环,是接受家长对学校教育工作的监督指导,赢得家长的理解、配合与支持,共同教育好学生的重要途径。作为实习班主任,大家要热情接待来访家长,开诚布公地与他们展开交谈,共商中学生的教育问题。在接待来访家长时,要注意以下工作细节。

(1)认真对待来访家长,做到礼貌、热情、周到

在家长来访时,要热情迎接,注意礼貌。一般要选择在办公室内接待家长,主动给家长让座、倒水,做到有礼有节。在家长坐定之后,可以与他们展开交谈,了解家长来访的主要原因,并及时安排好后续接待工作。一般情况下,学生家长来访学校有三种情况:一是当学生在家表现不正常时,前来学校询问相关情况,了解学生在学校的表现,探明原因;二是家长出于关心孩子学业与成长而来访,也有的是在自己空闲时间或顺便经过学校时来访;还有一种情况是学生偶然发生了重大事故,应学校要求来访,共商偶发事故的处理方法。当然,还有其他来访原因。无论哪种原因,在弄清来访原因后要及时按照家长的要求与期待做好配合、解答工作,做到事无巨细、有条有理、不慌不乱,周到地安排好各项事宜,尽力让家长满意。

(2)深入、细致地就孩子教育情况展开交流

在接待家长时,一方面,实习生要如实向来访家长介绍学生在学校的表现情况,尽可能全面细致、实事求是、一分为二,在充分肯定学生成绩的基础上,要如实指出某些不足,引起家长注意。对有些问题的介绍坚持既不夸大也不缩小的原则。在介绍学生在校表现时,要避免两种极端方式:一是"告状式"、"指责式";一是报喜不报忧,影响教育效果。另一方面,要耐心询问学生在家里的表现情况,包括生活、学习、做人、处事等情况,了解学生在家里暴露出来的问题,了解学生在家里表现出来的对学校与教师的言论,为学校教育工作的顺利开展提供有效信息。

（3）向家长宣传学校倡导的教育方法与教育要求

在家长来访时,不要忘了与家长座谈是对家长进行教育的重要契机,及时对家长进行家庭教育理念与方法方面的交流,是确保家庭教育效果,减轻学校教育压力的有效途径。所以,在接待家访时,要在恰当的时候向家长讲明学校对学生的有关要求,宣传国家教育改革的精神,介绍学校的相关规章制度,要求家长在家里配合学校管教好学生。

（4）向家长征询建设性工作建议

家长也是教育工作者,他们有自己独到的教育见解与教育方法,实习生要善于向他们征求做好教育工作的良好建议,不断改进学生教育工作的方式。对于那些好的工作建议,要及时向原任班主任及学校管理部门反映,尽可能共同配合,把学生教育工作做好。

## 2. 做好家访工作

家访是班主任做好家长工作的重要途径,是沟通学校教育与家庭教育的重要渠道,是实习班主任全面了解学生情况,制订有效教育对策的基础。实习期间,在征得原任班主任同意后,实习生要选择班级中的一两个典型学生开展家访工作,与家长共商教育对策。在走访家长时,实习生要注意以下几个方面。

（1）清楚阐明来访目的,争取家长支持

在家访之前,要提前与家长取得联系,预约见面时间。在见到家长后,双方要互通情况,阐明来意,然后引导家长对孩子在家里的表现情况进行全面、细致的介绍,争取双方统一认识,统一要求,统一行动,联合行动,共同做好孩子的教育工作,促成最大化的教育合力。

（2）以工作商谈为主调,尽可能谋求与家长立场的一致

在家访中,要针对学生在校情况及其表现向家长作详细介绍汇报,对学生身上存在的某些重大问题要坦诚地与家长沟通,共同探讨这些问题的成因,探讨解决方案与对策,确保家访工作取得预期效果。

（3）全面了解学生情况

班主任面对的是几十名学生,不可能一一走访,只能针对典型学生开展家访,故必须充分利用好每一次家访机会,尽可能获得对学生全面信息的了解。在家访中,主要了解的情况有:学生的家庭

构成情况,包括经济情况、家庭成员表现、文化程度等;学生在家表现情况,如学习劳动、性格特征、业余爱好、社会交往、对父母的态度、兄弟姐妹关系等;学生家庭周边环境,如家庭周围邻里关系,社区教育环境等。

(4)把了解情况与教育目的结合起来

在家访中,对于家庭不良教育方式方法,要用委婉的方式提醒家长改进,对于家长对孩子的袒护行为一定要及时阐明教师与家长教育立场、意图的一致性,促使家长打消不良念头与想法,尽可能与学校相互配合,把孩子教育好。实习生不可在家访中就事论事,降低家访的教育效果。

### 3. 处理好班主任与家长的关系

在家访中,班主任与家长的关系是决定教育效果的关键。在日常管理工作中,我们要尽可能和家长建立起以下三种关系。

(1)平等关系

在与家长进行交流时要谨记,家长与自己之间是平等的关系,在人格上、法律上是平等的人际关系。不歧视家长,不在家长面前盛气凌人,不向家长提出一些苛刻的教育要求,这是必须坚持的职业道德与操守。平等对待家长,平等地与家长交流,是把家长教育工作做好的润滑剂。

(2)信任关系

要通过委婉的劝告、细心的教育、负责的态度等途径在家长心目中形成一种良好的形象,取得家长对自己教育工作的信任与支持。实习生一般年龄较年轻,没有教育孩子的经验,要取得家长信任有一定难度。尽管如此,仍要通过卓有成效的教育效果与教育事实来让家长心服口服。

(3)合作关系

在对学生开展教育时,班主任老师没有私心,其一切工作的意图就是配合家长把孩子教育好,因此,与家长之间的根本教育立场是一致的,孩子教育好了受益的是家长和社会。实习生在家访时一定要注意阐明这一点,以争取家长的真心支持与配合,建立起一种实质性的真诚合作关系。在家访中,与家长既要交流工作经验又要交流情感,让家长及早打消一切杂念,把孩子从心底托付给学校与班主任,努力达到最优的教育效果。

# 专题五

## 教育调研篇

教育调研，即教育调查研究，是指研究者按照一定的研究目的，通过各种渠道途径，运用各种方式方法，有步骤、有计划地实地考察特定教育现象，收集与之相关的大量教育事实，并在对这些资料进行定性和定量分析的基础上探究现象的本质及其内在变化规律，最终达到认识教育、进行教育改革的一种研究活动。

教育调查研习是教育实习的另一重要内容，是师范生了解教育改革的大环境，理解国家各项教育政策在基层的执行情况，熟悉区域教育发展水平，认清学校教育教学工作复杂性的有效途径。没有调查就没有发言权，不深入基层调查研究，就无法有针对性地开展教育教学工作，将各种教育理念、教育理想植根于教育实践之中。教育调研活动具有针对性、真实性、时效性，能够反映教育生活的真实状况，能够为人们提供客观的教育情况。通过教育调查研习，实习生可以深入基层搜集真实可靠的研究资料，有助于树立正确的教育理念，形成科学的教学思路，更好地适应社会及教育事业对教师的各种要求。

# 一、研究进程

教育调研是一个循序推进的过程，由一系列环节构成，全面了解这些环节是实习生准确把握这一研究活动的前提条件。按照调研的现实展开过程来看，教育调研可以分为四个阶段：准备阶段、调研阶段、分析阶段与总结阶段。每个阶段都包括特定的工作内容与要求。

## 1. 准备阶段

准备阶段是调研的首始环节，是为调研活动的正式开展打基础的阶段。在该阶段，实习生要完成以下主要工作。

（1）确定选题

实习生要根据实习学校及其所属地域的情况，结合自己的研究兴趣，考虑社会研究的需要，在综合考虑各种选题制约因素的基础上确定出本次调研的主题,形成调研的具体题目。在题目选择时有许多技术性问题需要引起注意,我们将在后面作重点探讨。

(2)设计调研方案

在调研题目确定之后,要及时查阅相关文献,并结合调研内容与调研对象来确定调研目的与重点,考虑调研思路与方法,形成较为细致的调研计划或调研方案,为调研工作的展开提供蓝图。提出明确的调研方案对整个调研工作的推进具有以下三个作用:有助于引导整个调研过程,确保调研工作有序进行;有助于在理论政策与经验事实之间建立起联系,防止理论与调研之间两张皮现象出现;有助于确保调研主题与目的的实现,防止调研离开重点的随心所欲现象发生。

调研方案设计是教育调研准备工作的主要内容,其目的主要是:阐明调研意图与预期目的,形成大致的调研思路。在调研目的表述部分,实习生要具体阐明对该问题调研的必要性与社会价值,探明该调研的推进对于国家各项社会事业与教育改革的重要意义;在研究思路部分,要以纲要形式阐明整个调研的思路。主要包括以下内容:确定调查的时间和地点,选定调查的方法和技术,设计调查工作进程的时间表,安排阶段性的调研工作。一般情况下,可以按照以下框架来呈现调研方案:

①说明调查目的;

②明确调查对象和范围;

③明确调查内容;

④确定调查方式、抽样方式和收集、分析资料的方法;

⑤确定调查的时间步骤;

⑥调查工作的安排;

⑦调研工作的准备及注意事项。

(3)调研方法准备

在调研方案设计完成后,要选择调研的类型,选好适当的调查方式方法,确定抽样的思路与方法,准备相应的调研问卷、调研问题。从类型上来看,常用的调查方式有普遍调查(对调查对象的每个部分进行逐个调查)、典型调查(选择调查对象中的一个或若干个具有代表性的单位做全面、系统的调查)、个案调查(对调研范围内的某个个人、某个群体、某个单位、某个事件进行专门调查),要根据调研的目的与重点选择调研类型。在调研方法与调研问卷准备上,实习生要考虑科学安排,否则难以达到预期调研目的。

（4）开展初步探索

为确保调研的周密性,要及时查阅相关研究文献,考察调研题目选择的创新性,看与他人的研究有无重复现象,尽可能避免重复,确保研究的创新性,为研究假设的形成奠定基础,为研究方案的调整提供参考。必要时要开展实地考察,看看自己的调研方案与实际调研对象间的适合程度,如果调研设计与调研对象实际情况相差太大,必须重新修订调研方案。同时,在条件允许的情况下,还要开展预调研,以便及时发现调查问卷、访谈提纲等调研工具中存在的问题,对其作进一步修改之后再打印装订,形成规范严谨的调研表格。

## 2. 调研阶段

在做了充分的调研准备之后,就必须及时进入调查地点,接触调查对象,收集调查资料,展开实际调研工作。调研阶段的严谨程度、认真程度直接与研究结论的可靠性、可信性、有效性密切相关。因此,实习生一定要全身心地投入到调研活动中去。在具体调研过程中,要注意以下问题。

（1）提前联系

在进入调研对象所在单位之前,一定要提前联系和预约,在征求单位同意之后再进入调研单位,开展调研工作,尤其是要注意在不影响调研对象正常工作、学习的情况下开展调研,不可唐突进入,给对方单位与调研对象的正常工作、学习、生活带来干扰。

（2）争取支持

调研开始之前一定要阐明调研意图,说明调研工作对于教育改革的重要性,争取调研对象的支持,不忘表达对他们配合调研工作的谢意。在与调研对象交流中要尽可能做到有礼貌、有诚意,注意自己的言行举止,给对象留下一种信任的印象。

（3）认真搜集资料

调研工作中一定要尽可能搜集那些与调研主题相关的资料,要勤于记录,勤于思考,勤于动手,珍惜本次调研机会,为调研分析阶段搜集大量有价值的数据、资料、信息。在搜集资料时要坚持去粗取精,去伪存真,科学认真,坚持实事求是的原则,及时将那些可靠的数据资料储存下来。

（4）坚持原则

调研中要把握灵活性与如实性的原则。一方面,在调研中要尽量维持调查对象的思想及其活动状态的自然性,杜绝对被调查者的思想和行动进行各种各样的暗示及直接或间接的引导,保持调研人员在整个调研工作过程中的客观性,防止用个人好恶倾向或主观推测去代替其对实际情况的掌握。

（5）方法灵活

调研中要注意灵活运用各种调研工具与调研方法,注意变通,确保调研对象与调研方法、调研内容间的科学搭配。在选择调研方法时,要尽可能选用多样化的调研方法,注意方法之间的合理搭配,努力形成适合特定调研对象与主题的最优化方法组合或方法群落,确保调研目标的达成。

（5）分类归档

调研结束后,要及时将调研资料进行分类归档,尽可能编制索引,以备查阅。在撤出调研现场时,一定要注意履行相应手续,告知调研单位的领导或负责人。

### 3. 分析阶段

分析阶段是实习生对收集到的数据资料进行综合分析与处理的阶段,是得出调研结论的准备工作。在该阶段,要做的主要工作有以下几项。

（1）整理调查资料

要对从各渠道搜集来的资料进行系统化的整理与处理,按照科学统计的要求对各种调研资料进行排序、加工与编码,将其录入电脑,以便于进行数据化的处理。

（2）开展统计分析

要利用各种数据处理技术与统计科学,如 SPSS、Excel 等对上述数据进行分析,得出相关的统计图表,作为后续理论分析的直接依据。

（3）开展理论研究

在对调研资料进行数据处理之后,要结合统计图表反映出的情况,及时应用相关教育理论、专业理论对统计情况进行科学分析,得出科学结论。在分析中,要尽可能按照科学的理论来开展分析,尽可能在综合考虑各种社会变量的基础上开展分析,切不可仅凭一个数据得出一面之词。在必要的时候,还要回到实践中去分析某些数据的真伪,确保研究结论的科学性、可靠性,以免研究结论误导社会改革。

### 4. 总结阶段

总结阶段是实习生调研实习的最后一个阶段,其主要内容是:评价调研结果与撰写调研报告。调研结果的评估是确认调研结论的真实性与可信度,对其科学性、可行性与合理性进行全面评价的一个重要环节,是将调研结论付诸实践的重要一步。从评价的形式来看,一般有自评与他评两种,在自评中评价主体是实习生自身,在他评中评价主体可以是大学教师、相关专家或对该问题比较了解的内行人士。在评估阶段,要在同学、老师、朋友的协助下,对调研方法、过程、事实、数据、成果一一进行核实,进而对调研结论的质量进行科学评价,对调研结论的创新性和预期社会效益、实际价值、可推广性进行全面评估。在该阶段工作进行完毕之后,要完成社会调研工作的最后一项内容,即撰写调研报告。这是一项专业性、技术性较强的工作,需要专门对之加以介绍。

以上就是开展社会调研的完整过程。这是一个环环紧扣的实践过程,需要大家把握好以下几个关键环节。

首先,调研目的要明确,自始至终一定要清楚自己要做什么,做到对整个调研过程心中有数,并且将之贯彻到调研的始终,确保调研主题突出。

其次,要选择好调查对象,力求使调查对象有调查价值,调查对象能够反映调查内容,服务于调查研究目的的达成。

第三,要运用科学的调查方法与调查工具展开调查,选择适当的调查方式和方法,追求调查手段、工具与调查目的、意图的适切性与配套性。

第四,要对调查中发现的新问题有较强的社会敏感性,善于察觉调研中别人看不见的社会问题与现象。

第五,要审慎地形成调研结论,尽可能在大量数据、事实与文献查阅的基础上得出调研结论,必要时要征询专家的意见,请求他们帮助分析调研结论,不可仓促得出调研结论。

# 二、选题要求

选题是实习生开展教育调研中面临的最重要、最棘手的问题之一。解决好选题问题,调研工作的质量才有保证,后续调研工作才可能有条不紊地展开。选题环节不仅直接影响着调研工作及其成果的价值大小,决定着调研工作的基本类型、基本手段,还制约着调研工作的总体规划与设计,是一个"牵一发而动全身"的枢纽环节。注重选题环节,努力形成有价值、重实际的调研选题,是提高教育调研实习质量的首要切入点。要顺利开展选题工作,实习生应注意以下几方面的问题。

### 1.把握好选题的原则与途径

要提高选题环节的质量,应坚持以下五个原则。

(1)价值性原则

要从个人亲身感受与相关经验出发,努力选择那些具有较强的现实意义,甚至具有一定理论意义的题目作为调研主题,尽可能以教育改革中具有一定代表性、典型性、真实性的教育问题作为调研的主题,从中形成调研的具体题目。

(2)新颖性原则

要注意观察生活,躬身实践,尽可能选择那些别人没有关注到的教育实践问题作为调研的题目,让人一看就有耳目一新的感觉,努力突出选题的时效性与新颖性。

(3)专业性原则

应该在自己的专业研究领域内形成调研主题,确保选择与自己的专业及长期从事的研究领域直接相关的题目,这样有助于在调研中充分发挥自己的专业优势,得出有见地、有深度的研究结论。

(4)细小性原则

在选题中,应该将那些细小、具体的问题作为调研题目,尽可能从具体现象或问题入手来展开调研,产生以深刻见解结束的研究效应。

(5)操作性原则

在选题时应充分考虑可操作性,尽可能选择那些调研对象容易联系,调查领域容易进入,调研条件比较便利的题目开展调研,最好是选择那些在人脉圈子内就能解决的调研对象、调研单位的问题。

### 2.调研选题的来源

调研选题的来源是多种多样的,就其一般来源来看,可以有以下几个方面。

（1）沿着教育发展与改革的方向来寻找研究课题，这样可以使研究问题具有一定的前瞻性。

（2）从个人工作面临的突出问题中选题，如"减负"问题、新课程改革实施问题、教师从事有偿家教问题、科学发展观在农村教育工作中的落实问题、农民教育政策问题等。

（3）从身边学者及教师的成功经验中分析出研究课题，如成功教育、教学方法选择问题、教学反思问题、农村教育改革问题等。

（4）从教育、教学改革中的疑点处发现课题，如在教育实习中形成的困惑问题、区域教育改革面临的瓶颈问题、农村学生的道德问题、学校领导的权责问题、素质教育的落实问题等。

（5）以已取得的研究成果为起点开展跟踪追击式的研究，如可以根据自己的毕业论文选题开展相关研究，从自己已经发表的文章中选择题目等。

（6）从教育研究、专业研究中的薄弱点和空白点寻找新的研究课题，这种选题可以有助于研究的前沿性与独创性。在教育实践研究、社会发展研究中有许多问题有待于研究，如果能够从中形成研究选题，势必会产生良好的调研成果。

### 3. 题目形成的操作性要求

在选题范围确定之后，面临的任务是形成具有具体、新颖、概括、简练、清晰等特点的好题目。在该问题上，要结合已定主题内容，对之进行高度概括，利用最简洁、最鲜明、最概括的词语进行概括，形成最终题目。从技术性要求上讲，在这个过程中要努力体现出以下特点。

（1）直接，即直接揭示调研论点或论题，使读者一看就对主题有一个大概的了解。

（2）具体，要使题目大致反映论文的主要内容与观点，直接了解调研的主要对象及其方面。

（3）精炼，要对题目进行精意提炼，让题目不至于过长、过繁，尽可能删去那些可有可无的字、词，万一题目太长，可以通过增加副标题的方式来解决。

（4）醒目，让整个题目看起来鲜明清楚，能一目了然，吸引读者的注意。

# 三、调研策略

在教育调研中,要提高调研的质量,实习生可以采取多种策略与方法,如实反映调查对象和事实。

## 1.坚持科学调研理论的指导

在调研中,要坚持用科学的方法论、认识论来指导调研,坚持实事求是、全面系统、一分为二的思想原则,采取"去粗取精,去伪存真,由此及彼,由表及里"的认识思维方法,尽可能对调研对象、调研事实形成客观、准确的认识与看法。同时,在调研中还要坚持依靠学科专业理论来开展调研,带着一定的理论视角来开展研究活动,学会用学科专业理论来确定调研目的,形成调研重点,析出调研结论。

## 2.采用多样化的类型与方法开展调研

调研的类型多样化,调研的方法丰富多彩,只有善于根据调研的目的与重点来灵活选择调研类型与调研方法,才可能达到理想的调研效果,得出有价值的调研结论。从基本调研类型来看,有普遍调研与抽样调研、典型调查与个案调查、综合调查与专题调查等类型;从调研方法来看,有观察法、问卷法、座谈法、文献搜集法、材料分析法、结构式调研、开放式调研等。在此,重点介绍一下抽样调研与问卷调研。

### (1)抽样调研

所谓抽样调研,是指按一定方式从调查对象的总体中选择或抽取一部分调查对象作为样本,通过对抽查样本进行调查的结果来推断出调研对象总体情况的一种调研方法。该方法的特点是:全面、准确、速度快、费用低,能够节省大量的调研时间、精力、物力的投入。对该调研类型而言,最为关键的问题是解决好调查样本对调研对象总体的代表性问题,也就是抽样问题。如果能够按照科学的方法来抽样,其调研结果几乎可以不走样地反映调研对象总体情况。

在调研中,抽样是指从组成某个调研对象总体中按照一定抽样方式与原则抽取出直接调研的部分对象。科学的抽样过程包括六个环节:确定抽样总体,决定抽样方法,设计抽样方案,制订抽样框,实际抽取样本与样本评估。从具体抽样方法来看,常见的抽样方法是概率抽样与非概率抽样。前者又称随机抽样,其抽样原则是确保样本总体中的每一个成员都有同等的成为研究样本的可能性,即每一个成员被抽上作为样本的概率相等。这种抽样方法还可以根据不同的抽样原则分为五类:简单随机抽样、系统抽样、分类抽样、整群抽样和多阶段抽样。在实际操作过程中,可以使用的具体抽样方法很多,如直接抽样法、抽签法、随机数表法等。非概率抽样又称不等概率抽样,是调查者出于自己研究的方便或主观判断抽取样本的方法。非概率抽样具体包括自然抽样、判断抽样与定额抽样、滚雪球抽样等抽样方法。

（2）问卷调研

问卷调研,是指通过一份精心设计的问题表格——问卷来测量、了解调研对象的各种情况的一种调研方法。问卷调研具有科学可行、简单方便、易于量化处理的特点,是现代社会中较为常用的调研方法之一。在问卷调研中最为关键的是编制调研问卷,问卷的质量直接决定着调研的质量。

问卷由一系列问题构成,其类型是多样化的,如开放式问卷与封闭式问卷、图表式问卷与文字式问卷等。完整的问卷一般由以下要件构成:封面信、标题、指导语、问题、答案、编码、结语等。每部分都有各自的一系列操作性要求。

①封面信

封面信是调研者致被调查者的一封短信。封面信的书写要求是语言简明、态度诚恳,简要说明调研者的身份、调研的大致内容、调研的主要目的、选择调研对象的方法、相关保密措施、真诚的致谢等。

②指导语

指导语是用来指导被调查者准确填写问卷的各种解释和说明性语言。该部分内容同样要追求简单明了、清晰,以帮助调研对象打消顾虑,客观地反映情况,支持科学研究。如果需要调研对象把问卷邮寄回来,在指导语中还必须写清邮寄地址。同时注意在邮寄时装进附上贴好邮票的信封,以便于被调研者回寄。

③问题与答案

问题与答案是问卷的主体,是设计的重点。在设计问题时要注意以下要求:问题要简短准确,尽量避免双重提问,避免带有倾向性和诱导性的提问方式,不宜直接提那些具有敏感性或威胁性的问题,要确信所提问题没有超出回答者的能力范围与认识范围,问题表述尽可能具体,不出现抽象概念、大量专业术语,问题数量适当,问卷难度适宜。

在设计答案时要注意以下问题:被选答案之间有明确的范围界限,尽可能减少选项之间的混淆与重合现象发生;被选答案不能具有多重含义或歧义;注明选择的要求与注意事项等。

④编码

编码就是赋予每个问题及其答案一个数字、数值作为它的代码,其主要用意是便于处理问卷。编码方式有两种:预编码与后编码。前者是在问卷设计的同时就设计好了相关编码,后者是指在调查完成后对回收上来的问卷题目与答案进行编码。

⑤结语

问卷的结语同样要力求简短、紧凑,三言两语能说清即可,切忌冗长拖沓,影响问卷的简洁性。

在问卷调研中还需要注意的一个问题是:全力提高问卷的回收率与有效率。这是提高问卷调研效果的关键。为此,要从问卷设计、问卷发放、问卷回收等各个环节上下工夫,确保问卷调研的顺利实施。

### 3.运用科学的数据处理技术分析调研结果

在当前,随着统计技术与工具的发展,一系列新型的统计数据处理技术陆续产生,需要实习生随时关注并学习。在调研中,必要的时候要自学统计学方面的专业知识,熟悉科学调研统计方法,尽可能向专业课教师请教,积累大量统计研究方面的知识、方法与经验,确保调研过程具有一定的技术含量,确保调研结论具有一定的科学性。

# 四、结论形成

在调研中,调研结论的形成无疑是最为关键的环节之一,需要实习生给予高度的关注与重视。调研结论是所有调研活动的归结点,是大家开展调研的直接目的所在,调研结论的科学性、可信性与可靠性是调研过程中始终需要关注的问题。要形成科学的调研结论,实习生应该从多个途径入手,努力提高调研结论的质量与水平。

### 1. 基于专业理论来得出调研结论

调研结论是结合一定的理论信仰,在专业眼光指导下得出的结论,专业理论功底的深厚程度是决定调研结论水平的关键性指标。在对调研数据进行分析时,要及时查阅大量专业文献与书籍,寻求相关对路的专业学科理论的支撑,不断扩展自己的专业理论储备,坚持在一定专业理论指导下得出研究结论。只有这样,调研的结论才可能具有宽厚的理论视野支撑,才可能具有一定的高度与深度,反映教育改革的深层要求。

### 2. 开展专家咨询,充分利用大学教师这一智囊

实习生在分析数据时一定要坚持经常联系自己的导师,联系自己的专业授课教师,充分发挥大学教师这个智囊的功能。大学教师是大家的学业指导教师与实习指导教师,他们有义务、有责任协助实习生开展好社会调研工作。不要畏畏缩缩,而要勇于请教、敢问善问,充分利用大学这个智慧库存,全力提高自己调研结论的科学性水准。在特定调研问题上,总有一位大学教师是该领域的专家与内行,他们对调研数据的看法可能会与实习生有所不同,要善于从他们的专业见解与专业眼光中找到自己对调研数据理论的提取方向,尽可能把整个调研建立在内行、专家的意见征询基础之上。

### 3. 回访调研对象,共商调研结果

调研对象尽管不是调研问题的专业人士,但他们是这些问题、事实的知情者,他们最清楚调研事实。通过回访调研对象,就可能为调研者提供一些更为广泛的背景信息,供实习生思考,得出全面的调查结论。实际上,调研数据价值与意义的大小关键在于调研者的解释,而这一解释既要靠专业理论又要靠背景材料。相对全面、丰富的调研材料能够提供问题分析的背景材料,在调研数据与背景材料的对比中自然得出深刻的调研结论。因此,在得出调研

结论时,实习生一定要善于请教调研对象,善于征集他们的看法与见解,形成全面深刻的调研结论。

# 五、报告撰写

调研实习的最后一个环节是撰写调研报告,在该环节一定要把握好两个问题:一是把握好调研报告的基本框架,二是掌握调研报告写作中的一些操作性要求。

## 1. 调研报告的一般框架

调研报告是一种特殊的问题,其主要内容是反映调研的大致进程与主要结论,这就决定了它具有一种规范的框架与格式。一般情况下,可以参照以下框架来撰写调研报告:

①题目;

②目录;

③摘要;

④关键词;

⑤导言;

⑥文献评论;

⑦调研设计;

⑧主要结果与结论;

⑨讨论;

⑩政策建议;

⑪参考文献;

⑫附录。

每个部分要撰写的具体内容大致如下。

(1)摘要

对整个调研的主要内容、调研进程、主要结论与政策建议作高度概括性的介绍,字数一般在200—300左右。

(2)导言

对所调查问题的性质和背景作介绍,交代调研对象的大体情况及调研时间地点,清晰地陈述本调研的主要问题及研究意义,阐明本调研可能会产生的社会影响等。导言的写法一般有四种：直接陈述研究主旨，交代调研相关情况，提前呈现核心结论，选择调研疑问等。

（3）文献评论

仔细地阅读与本调研相关的每一篇文章，寻找那些与本调研紧密相关的部分，对研究方法、研究结论、研究优缺点、研究误区等作以简单评论。

（4）调研设计

主要介绍研究的基本框架，调研对象或样本的选择原则，所采取的主要方法，重点介绍调研对象的大体情况、调研资料的收集方法、对调研资料的分析方法、调研结论的形成过程。

（5）主要结果与结论

集中阐明通过调研分析所得出来的主要调研结论，必要的时候要指出本结论与其他调研结论间的区别，本调研结论的创意所在，并从调研结论出发指出调研中发现的问题，说明其可能会产生的危害，引起广大有关部门与当事人的重视，并科学预测其未来发展趋势。在调研结论陈述中，一般可以按照以下步骤进行：解释调研中涉及的核心概念，对主要调研问题进行简要提及，展示调研结论，用数字、图形、表格、材料来论证自己的核心观点。

（6）讨论

在讨论部分主要说明自己的调研结论是否得到充分证实，讨论自己调研中存在的缺陷与问题，还有哪些疑惑与问题有待于开展进一步的研究，讨论自己调研结论的可推广性及其推广范围。

（7）政策建议

从既有研究资料与研究结论出发，形成相关针对性建议与改进举措，必要时写成相关部门决策咨询建议的文本，选择恰当时机呈送相关部门，供这些机构决策时参考。

（8）参考文献

通常出现在研究报告的结尾处，主要列出与研究报告相关的参考文献、参考书目、参考资料等，这些书目、资料一般是研究者在从事这项研究过程中所使用过的文献资料，其目的是为本研究提供佐证，便于读者反复验证调研资料。

（9）附录

该部分的作用主要是呈现在调研中使用过的访谈提纲、调研问卷、相关数据、重要参考文献资料、调研工具方法、相关说明与补充等。

## 2.调研报告写作中的一些操作性要求

调研报告属于一种应用性文体,其主要目的是向一般社会大众介绍相关调研结论,这就要求在写作中要遵循一些基本的写作原则。

(1)精心提炼主题

主题是调研报告的题眼,主题的练达程度是提高调研报告品位的关键。实习生一定要精心提炼调研问题,从中析出调研主题,最终凝聚为调研题目。

(2)语言平实精准

在写作中要采用简单平实的语言来撰写,尽可能少用专业术语,以免降低调研报告的可读性、通俗性。在相关结论呈现时,一定要追求客观、清楚、准确、严密,体现整个调研过程的科学性。尤其是在陈述事实时,要力求客观、实事求是,避免使用具有主观或感情色彩的语句。

(3)注意语气口吻

在写作中应该以一种向读者做报告的口吻来撰写,不要表现出力图说服读者同意某个观点、看法或倾向的意图,不能将自己的观点强加于人,而是要用一种以事实服人的口吻来展开论述。

(4)态度严谨

报告中引用别人的资料、数据一定要注明来源,让读者能够查阅到,不能将别人调研成果与自己的混在一起,影响调研结论的可信性。调研的可信性来自研究者躬身实践,亲自参与,如实展示自己调研设计及过程。

(5)重视对研究结论的析出

调研结论的形成尽可能建立在稳妥的数据分析与科学论证之上,在形成结论的过程中一定要慎之又慎,全盘考虑,不可仅凭一面之词、一个数据给调研问题轻易下结论。

【参考选题】　农村教育研究选题

一、城乡教育均衡与公平发展研究

二、社会、家庭、学校的教育合力形成研究

三、农村教育环境的优化问题研究

四、农村劳动力转移带来的留守儿童（少年）问题研究

五、农村学校师资队伍建设研究

六、农村学校布局调整带来的新问题研究

七、小班化教学研究

八、农村学校经费保障机制的建立问题研究

九、新时期学校管理（管理者）研究

十、义务教育（特别是农村教育）债务化解问题研究

十一、学校办学规模的科学化研究

十二、农村学校新课程改革推进中的问题研究

十三、农村幼儿教育问题研究

十四、乡（镇）政府如何承担起应承担的教育工作责任研究

十五、"流生"的有效控制问题研究

十六、农村教师职称评聘分开带来的新问题研究

十七、义务教育阶段民办教育的职能定位问题

十八、农村学校布局调整后资源的利用问题研究

十九、部分农村学校后勤社会化带来的问题研究

二十、农村中小学住宿制推行面临的新问题研究

二十一、农村教育的新发展对教师教育的新要求

二十二、农村中小学教育改革的目标研究

二十三、农村中小学校本课程建设研究

二十四、农村中小学素质教育研究

二十五、农村中小学教师队伍优进(留)劣汰体制的构建研究

二十六、师范教育为新农村建设服务研究

二十七、农村社区教育研究

二十八、农村师资培训模式研究

二十九、农村基础教育改革深化研究

三十、农村职业教育服务新农村建设研究

三十一、和谐校园构建的目标和策略研究

（资料来源：盐城师范学院农村教育研究所. 农村教育研究选题，http://njs. yctc. edu. cn/UploadFile/2008226104816540. doc）

# 专题六

## 实习结束篇

在经过一段时期教育实习工作之后,学校安排的各种实习任务基本完成,实习生的整个教育实习工作进入收尾阶段。在该阶段还有许多工作需要实习生去完成,理清本阶段工作任务与注意事项是实习生为整个实习工作画上完满句号的一个环节。总体来看,在本阶段要完成的主要工作有:辞行及工作交接、资料归并、效果评价、经验梳理等。每一项工作都需要大家耐心细致地进行,以便为实习学校留下一个完美的印象。

# 一、辞行及工作交接

实习工作尽管结束了,但实习学校的各项教育教学工作还要继续,顺利进行工作交接,保证各项工作平稳过渡是实习生对实习学校及其师生应当承担的一项职责。在工作交接环节上,要做好以下几方面的工作。

## 1. 向学校提出工作交接的申请

尽管工作交接是大学实习工作的统一安排,但毕竟交接工作本身也是实习生的一种个人行为。因此,提前与学校主管领导或主管实习工作的负责人联系,向他们提出申请,是现代大学生应有的礼貌之举。在与学校实习工作主要负责人交谈时一定要注意态度诚恳、谦虚谨慎,对于不能继续在学校工作向学校致歉,征得实习学校的理解与支持。如若学校考虑到工作需要,譬如临时更换教师可能会造成麻烦,以及学校教师紧张等实际困难等情况,提出期望实习生能够继续干完本学期教育教学工作后再离校的要求时,大家一定要在考虑自身实际情况的基础上及时征求所在学院的意见,如果三方达成一致的话可以继续实习工作。切忌轻易做出决定,以免产生不良后果。

## 2. 向原任班主任与原科任教师交接教育教学工作

实习生要善于利用原科任教师及原任班主任的空闲时间和他们进行工作交接。在交接中要着重向他们阐明以下情况：班级同学最近思想动向、学习情况及个别学生存在的问题；全班同学在最近一段时期内的变化，尤其是他们的进步情况及存在的不良苗头；通过一段实践工作后发现的学生对科任教师的要求与期待；全班学生在学风、班风方面亟待解决的问题；近期对学生座位、班干部等方面做的一些调整；实习期间所采取的一些新的管理制度与措施；实习期间与个别学生及其家长交流的情况；学生在学习方法、习惯等方面产生的一些新变化等。

在交接中，大家要始终抱着谦虚学习的态度，对于一些不成熟的教学改进与班级管理做法要向他们征询意见，从中获得学习机会，积累管理班级的经验。在交接完毕之后，在可能的情况下可以向那些对自己进步有过重大帮助的老师赠送纪念品，表达对他们的谢意，与对方合影留念，同时互留对方电话号码，以备以后工作中再择机向指导教师请教。

## 3. 与学生辞行

在与原任班主任和科任老师工作交接完成之后，实习生要利用班会时间向学生辞行。在班会上，实习生首先要对同学们最近一段时期的进步提出表扬鼓励；对个别突出的学生要提醒他们戒骄戒躁，争取取得更大的进步；对于那些后进生，一定要注意给他们鼓励，让他们看到自己的进步，对未来充满信心。同时，还要对实习期间采取的一些过激或不当做法向学生作以解释说明，以求得同学们的理解。在班会上，还可以请个别同学代表发言，让他们发表感言，对自己的工作提出建议，从学生的感受、体会、看法中积累工作经验。在整个过程中，要尽可能组织得有条不紊，使之成为师生之间的一次谈心会，一次互勉会，一次教育会，让整个班会自始至终保持一种温馨、惬意、开心的氛围。

在与学生辞行中要谨记两点：一是不宜过分渲染、兴师动众，以免影响学校的正常教学秩序，影响学生的学习生活；二是师生之间互赠礼物一定要简单而有意义，尤其是那些学生亲手做的小礼物，一定要真心收藏，对于那些太成人化的礼物，一定要严词拒绝，以免给班级带来不良影响。如果学生向老师赠送了小礼品，一定要礼尚往来,不可无动于衷。哪怕是一件微不足道的小礼品,也是实习生作为教师对学生真心真情的回馈。

### 4.归还学校物品

在实习结束之前,一定要记住归还从学校、其他老师处借来的教具、物品、财物等,在履行完公物清还手续后方可离校。

### 5.辞谢

在实习生离校临行之前,实习小组应该采取适当的方式向实习学校致谢,如向学校赠送锦旗、写感谢信、赠送小礼品等,以向实习学校在实习期间提供的帮助与指导表达谢意。

# 二、资料归并

在实习结束后,实习生还要做的一件事是对实习中产生的一些档案资料进行归并,以便及时整理,上报学校或自己留存。在这项工作中,要完成的事情主要有以下几项。

### 1.收集各类教育教学资料与文档,进行分类归档

善于搜集整理是提高实习效果、巩固实习成绩的有效方式。实习结束后,要完善两份资料:一是文本档案资料,二是电子档案资料。两份档案之间只是形式、载体的差异,它们都包含以下内容:

①实习工作计划1份;

②说课稿(至少5份);

③教案或课件(至少10节课);

④听课记录1本(至少10节课);

⑤教学实习工作总结1份;

⑥班务工作计划1份;

⑦主题班(团、队)会设计(至少1份);

⑧转差扶优案例1份;

⑨家长工作记录1份;

⑩班务工作总结 1 份；

⑪教育调查报告 1 份；

⑫优秀课例、班会实例（至少 5 节以上，视频类、实录类均可）；

⑬教育实习总结 1 份。

实习生应按照要求整理好教育实习工作的相关材料，将之装订到自己的教育实习档案之中，以备返校开展教育实习总结时使用。

### 2. 妥善保存实习时用过的工具书与教学资料

在教育实习过程中，为了解决某些棘手的教育教学难题，常常会自己想办法，查资料，甚至自己动手制作教具，开发教学资源，寻找相关网址等。这些资料、文献、书籍、教具、资源对实习生而言可能来之不易，故实习结束时一定要亲手整理、妥善保管，以备在将来教学时直接使用。在整理时一定要细心、认真，不可粗心大意，以免丢失重要资料，为以后留下遗憾。

# 三、效果评价

教育实习工作结束时的一件重要工作是开展教育实习评价、评比活动。这是一项具有重要意义的工作，它能够引导实习生全面回顾反省自己的教育实习过程，能够营造一种比、学、赶、帮、超的学习氛围，有利于教育教学实习水平的总体提高。在教育实习效果评价中，最为关注的四个问题是：评价主体，评价形式，评价标准与评价实施。

### 1. 评价主体

评价主体是指组织教育实习评价的机构或个人。对实习生而言，教育实习的三大评价主体是：实习生本人、实习学校与师范大学。这三类评价主体的评价结论是对实习生教育实习情况进行总体鉴定与评价的来源。

首先，实习生自身是教育实习效果评价的主体之一。实习生本人是开展教育实习自评的主体,是教育实习评价的最终受益者。在结束时,实习生应该根据学校拟定的教育实习评价标准,对照自己教育实习的表现,客观如实地进行打分、量化。这一评价过程是实习生全面回顾自己教育实习全程的一个机会,是实习生积累经验、自我反省的重要途径。通过自评,我们可以寻找差距,发现问题,找准努力方向,为教育实习经历做一个完满的小结。

其次,实习学校是教育实习评价的重要主体。实习学校及实习生指导教师是实习生教育实习过程的亲历者与参与者,他们最有权力对大家的表现情况进行评价。在离校前夕,实习生要认真对自己的实习情况进行总结,并将有关评价表格递送实习学校相关机构与实习指导教师,请求他们对自己的实习情况做出评价,写出鉴定或评语。在实习学校进行评定时,应该提醒评价老师从以下四个方面对实习生教育实习情况做出综合评定。

一是教育实习期间的态度、师德表现及出勤情况。

二是教学实习表现,包括实习生在教案编写、说课试讲、课堂教学、教学反思、参与讨论、课外辅导以及其他教学环节等方面的进步情况。

三是班主任工作实习表现,包括班主任工作计划、班主任工作记录、主题班会设计与实施、特殊学生辅导、家长工作方面的表现与进步情况。

四是教育调研的进展情况,包括研究态度、研究实施等方面的大体情况。实习生应该提醒实习学校以上这些方面将成为学校最终评价自己教育实习情况的重要依据,希望他们能够客观、如实地予以评价。

最后,大学各院系是教育实习评价的主要主体。在教育实习评定中,各学院应该在免费师范生教育实习工作领导小组的组织下,在实习指导教师的直接参与下,对实习生教育实习情况做出全面评价。学院主要根据实习期间各实习小组反馈回来的相关图片信息与工作汇报、大学指导教师对实习生实习表现的介绍,以及返校后的实习总结报告会等情况对实习生在教育实习期间的表现与进步情况给出综合评价,并将这一评价情况上报给学校免费师范生教育实习工作领导小组,由其对实习生的教育实习情况做出最终评价。

### 2. 评价形式

教育实习是一项在实习学校召开的复杂活动,对它的评价不可能仅仅通过考试的形式来决定,而必须对实习生参与教育实习的态度、过程、效果进行综合评价。教育评价形式主要有以下四种。

(1)自评与他评

在实习结束后,实习生对自己教育实习情况进行的评价是自评。尽管这种评价具有一定的主观性与个人情感性,但毕竟实习生本人是最了解自己教育实习情况的人,教育实习的自评对于确保教育实习评价的全面性与深刻性具有重要意义。他评是指实习生本人以外的人对教育实习情况进行的评价。如前述的实习学校评价、学院评价、实习小组评价、指导教师评价、学生评价等。

(2)过程评价与终结评价

在对实习生教育实习进行评价时,评价机构应该对实习生教育实习的整个过程进行跟踪评价,如实记录下他们在教育实习中的工作态度、试讲表现、课堂教学开展情况、家访工作开展情况等,尽可能将评价贯穿到教育实习的整个过程中去,努力做到及时评价,及时修正,体现过程性评价的优点。同时,在阶段性实习工作完毕之后,各实习主体可以通过总体回顾、技艺汇报、视频分析、工作评定、综合考评等方式对实习生教育实习情况进行全面评价,对其在本阶段教育实习开展情况做出结论,供相关部门及实习生本人参考。

(3)定量评价与定性评价

在对实习生教育实习情况进行评价时,各评价主体既要对他们的表现及进步情况做出评语与论断,形成书面性的评价结果,指出他们在教育实习中的优点与不足,帮助他们找到改进方向,又要通过一定的评价工具与手段,对其各方面表现情况进行量化评定,给出分数、评定等级,让他们看到自己的教育实习情况与其他同学之间的差距,从而及时寻找原因,形成改进方案。

(4)个人评价与集体评价

在教育实习评价中,学校要根据每个实习生参与教育实习情况及他们的教育实习业绩开展评模树优活动,评选出年度"教育实习先进个人"或"优秀实习生",授予其个人荣誉称号,使之成为同学们学习的对象与榜样。同时,学校还要从鼓励团队协作、集体合作的目的出发,评选出教育实习工作中涌现出来的先进集体,并授予其"教育实习工作先进单位"或"优秀教育实习小组"的荣誉称号,努力形成在教育实习中互帮互学、相互协助的良好氛围。

为基础,适当开展集体评价,如实习学校评价、任教班级学生评价、学院实习领导小组评价、学校实习领导小组评价等。尽可能搜集各方评价意见,形成一个比较公平、一致,实习生认同的评价结论。

（3）定量评价与定性评价相结合

在教育实习评价中,各评价主体一般要给实习生两种评价结果:一是教育实习评价结论,以简要语言对实习生教育实习情况给出书面结语式评价,一是教育实习等级（或分数）评价,教育实习成绩评价一般可以采用优（90—100分）、良（80—89分）、中（70—79分）、及格（60—69分）和不及格（60分以下）这五个等级进行评价。

（4）特殊情况一票否决制

在教育实习期间,有下列情况之一者,实习生的教育实习成绩一般被评定为不及格,并责令重修。

① 有严重违纪行为,如打牌赌博、酗酒闹事、打架斗殴、威胁实习指导教师、给实习学校造成重大损失等。

② 实习期间经多次演练仍不能上课者,上课效果较差,引起学生群体不满。

③ 不服从安排,不在规定的实习学校、实习时间参加实习活动以及私自调换实习学校。

④ 实习期间因故请假累计超过实习时间的三分之一,旷课时间累计超过实习时间的四分之一。

⑤ 不服从实习学校工作安排,在实习学校中造成不良影响。

⑥ 违反学校相关规定或安全制度,如未经实习学校允许私自带学生外出开展集体活动,带领学生参加不健康活动,出现重大教育教学责任事故。

⑦ 其他重大责任事故。

上述事项希望实习生在实习期间铭记在心,确保教育实习工作顺利开展。

# 四、经验梳理

在整个教育实习过程基本进行完毕之后,实习生要静下心来对自己积累的教育教学经验进行反思、回顾与梳理,写出实习总结,形成实习资料,为毕业后走上工作岗位打好基础。在该环节,实习生要进行的工作内容主要有以下几项。

## 1. 认真进行个人实习总结

实习结束后,每个实习生都应认真总结在实习中的收获、体会和存在的问题,肯定自己成绩,找出与别人之间的差距,提出今后的努力方向。在总结前,实习生要虚心征求、听取实习学校领导、教师的意见,虚心听取实习小组队员、专业课教师、实习指导教师对自己工作的反映与看法,认真回顾整个教育实习过程,分析个人的得失、成败与进步之处,写出个人书面总结报告。在总结时,要抱着一种谦虚认真、客观如实、注重实效的态度,全面、细致、深入地对自己在教育实习中形成的一些感悟、体会、经验、心得进行反思与梳理,确保在总结之后自己的专业水平有实质性的提高与改进。

在进行个人总结时要尽可能写出自己的真实感受与体验,写出自己在参加完教育实习活动之后的长进,发现自己工作中的不足之处,并提出改进的方向与计划(参见下文)。

教育实习总结(节选)

我们的教育实习主要分为两部分,一部分是班主任工作,另一部分是教学工作,说白了就是既要带班又要教课。无论是带班还是教课,作为实习老师,都会有该校的一个正式老师带我们。带我班主任工作的当然就是我带的班级的原任班主任,而带我教学工作的则是我们学校96届的毕业生,说来也算是校友了。

前段时间实习的主要任务就是听课,看其他老师是怎样讲课的。这种听课和我们上学时听课是不一样的,因为这种听课的重点是观察老师怎样讲课,学习如何传授知识,如何驾驭课堂,如何控制授课时间,而并不是学习老师所讲的知识。

我第一次上讲台时,自我感觉并不紧张,只是课讲得有点快,总体感觉还可以。后来的课,越讲越熟练,越讲越流畅,同学们对我讲授的知识都能吸收。最后我们还邀请教学主任听一节自己的公开课,我的公开课不仅达到了预期的教学目的和要求,而且课堂纪律非常好,同学们也非常配合。有了前几次讲课的经验,我认为自己的课堂驾驭能力有了很大提高,不但可以较好地控制授课时间,也能够适时地调动起学生的积极性,使课堂气氛活跃起来。这一阶段的课程结束以后,全年级进行了一次统一考试。作为实习老师,我也参加了监考。从同学们的考试成绩看,授课效果还是非常不错的。

比教学工作更重要的就是班主任工作。在学校里,班主任就是学生的第一监护人,所以班主任的工作非常琐碎。一名真正尽职尽责的班主任,在学生身上下的工夫比学生的父母还要多。我觉得,在班主任工作中始终要坚持"一个标准",就是在处理班级事务时,尤其是奖惩方面,对好学生和后进生应使用同一个标准。通常好学生易受到偏爱,而后进生则常常使老师产生偏见,所以班主任"执法"一定要公平,要一碗水端平。如果处理有偏颇,则会助长好学生的坏习惯和骄傲的性情,压抑后进生的上进心。所以做到一视同仁很重要。

班级工作千头万绪,工作方法也是千差万别,形式和任务又在千变万化,需要我们不断总结行之有效的方法和经验,落实到班级工作中。刚来实习不久,我们就参加了一次30岁以下青年班主任的培训,由学校一名具有38年班主任工作经验的老教师进行讲座。他在讲座中强调:面对一个全球化的新经济时代,面对一场世界性的教育转型,必然要迎来"中国新教育风暴"。我国正迫切需要从工业化时期的教育向信息化时期的新教育转型,人们也由单位人向社会人转型——这就是新时代。当前正在由"以教学为中心"向"以导学为中心"转型,一个教师的时代正在成为历史,一个全面呼唤"导师"的时代正在诞生,这就需要我国1000多万教师再培训、再充电,培养拥有健康人格的人,是教育者必须面对的难题——这就是新教育。

…………

（资料来源：佚名. 教育实习总结, http://www. 58. com/zongjie/
jiaoshi/20110129/4054_2. html）

### 2. 开展教育教学经验与体会座谈

教育实习工作的结束并不意味着所有教育实习工作的终结，回到学校后还有许多工作有待完成，以强化实习效果，提升专业水平。在这些工作中有一项对于巩固实习效果比较奏效的内容，这就是开展教育教学经验座谈。在座谈中，所有实习生与专业课教师、实习指导教师一起畅谈教育实习经验与体会，共同分享教育心得，共同探讨遇到的有价值的教育教学实践问题，由此实习生的教育认识视野可能会被拓宽，教育能力水平由此会得以提升，教育情操与精神会得到陶冶和净化，从而达到巩固教育实习效能，提高教育实习水平，深化教育实习认识的效果。

毋庸置疑，教育实习工作毕竟是实习生在个人的狭小视野与空间中开展的一种实践活动，难以突破个人以及实习学校、实习生活的局限，而通过教育教学经验座谈就可能突破这一瓶颈，实现所有实习生之间优势经验互补，积极教育情感相互强化，深刻教育认识共享的目的。由此，我们可能会从中获得更多在亲身教育实习中不可能获得的教育经验与认识，整个教育实习的效果必然会大大提高。

### 3. 撰写教研论文，进行理论提升

在教育实习中，实习生肯定会遇到一些棘手或感兴趣的教育教学问题。在工作中，实习生也无法回避这些问题，他们必定也会对这些问题做一些实践探究与研讨，获得一些比较深刻的认识。在实习结束后，有了相对多的空闲时间，大家应该抓住这些时间对探讨的结果进行回顾与总结，静下心来深入思考这些问题，形成专

题研究的论文。每一个小问题都"生长"在整个教育教学实践活动之中,它们不仅折射着整个教育教学活动状况,而且这些小问题的解决也必须依赖整个教育教学实践的整体性改进才可能进行。因此,实习生在对这些小问题进行专门探讨的同时,也是对整个教育实习活动、社会教育背景、教育教学改革全局进行思考的一个契机。对某些教育教学问题进行集中、深入探究,撰写教研论文是实习生全面思考教育实践问题,提高教育理论水平,沉淀教育经验的绝好时机。实习生不可错过这个时机,而应全心投入,深入思考,努力写成一篇高质量、有水平,能够体现自己全部教育实习生活质量的教研论文。

专题七

注意事项篇

教育实习工作头绪繁多,内容丰富,涉及各个方面,稍有闪失可能会给整个实习工作带来许多不必要的麻烦,影响整个教育实习工作的顺利开展。为此,我们将对教育实习工作中需要实习生尤加注意的事项与问题进行专章论述,以引起实习生的高度重视与注意。

# 一、实习生的行为准则

实习生行为准则是确保实习生日常教育教学实习工作有序进行的规范性要求,严格遵守实习生行为准则,按照规范行事,是整个教育实习工作有序运转的关键。

## 陕西师范大学师范实习生行为准则

(1)认真学习教育实习的有关文件和各项规定,遵守学校实习安排,履行实习生义务与职责,明确教育实习的目的,端正教育实习态度,认真负责地参与各项教育实习活动。

(2)严格按教师的标准要求自己,为人师表,讲究礼貌,衣着整洁,仪表端庄,言行举止和作风应成为学生的表率。严禁同学生谈情说爱,严禁在实习学校的公众场合吸烟、酗酒,杜绝一切不符合教师身份以及破坏学校形象的不良行为。

(3)严格遵守实习学校及我校的有关规章制度,做到每天按时到校,按时到班,不迟到,不早退,有特殊原因应严格履行请假手续。

(4)尊重实习学校领导、教师与学生,虚心向他们学习,积极主动保质保量地完成各项教育教学实习任务。

(5)自觉接受实习学校指导教师和本校带队教师的指导,充分发挥主观能动性和创造性,团结互助,提高实习质量;对实习学校的意见和建议,要通过带队教师有组织地反映。

(6)爱护公物,节约水电,搞好卫生,借用学校的物品必须按期归还,如有丢失或损坏,一定要照价赔偿。

(7)实习小组内彼此关心,互相帮助,团结一致,共同提高,具有团队精神与集体意识,经常开展批评和自我批评,积极响应实习小组组长提出的合理化建议与要求。

# 二、不安全事故的防范

不安全事故的发生具有突然性、随机性与难以预期性。高度警惕,准备好应对不安全偶发事故的预案,了解处理不安全事故的程序,切实做到有备无患,是师范生教育实习工作有序展开的重要条件。在威胁师范生教育实习工作安全的事故中,最值得注意的有三个方面:生活安全、工作安全与交通安全。

## 1.生活安全

在实习期间,个人生命、财物的安全是保证实习生教育实习生活安全的重要内容。实习学校、实习地区对实习生而言是一个新环境,是大家完全独立参与社会生活,承担社会责任,个人独立生活的开始。在学校学习期间,实习生的生活安全问题有学校操心,自己只管无忧无虑地学习、生活;在实习学校则不一样,基层学校把大家当做一个独立的社会个体来看待,会给我们比在校学生更多的自主空间,尤其是个人生活问题,学校不会对之进行事无巨细的干预与指导。这就需要实习生学会把握自己,具备独立、机智地应对不安全事件的知识与能力。实际上,不安全事故是完全可以防范的,有些生活细节问题只要适当注意就能够预防不安全事故的发生。在此,特意提醒实习生在教育实习中注意从以下几个方面安排好自己的生活。

(1)一般情况下,不要擅自离开实习学校,晚上八点以后不准离开实习学校或实习生活地,如若遇到必须出外办理的事情可以叫同学陪同,如若找不到陪同同学,一定要事先向实习小组组长申请或告知。切记离开实习学校或实习小组时带上手机,记住当地派出所的报警电话,当人身和财产安全受到不法分子威胁时即可拨打报警电话。

（2）食宿尽可能按照实习学校安排集体就餐住宿,注意个人饮食卫生,不到小摊上乱吃小吃及"三无"食品,不允许在校外租房或住旅店。如有亲戚在学校周围需要在亲戚家居住,要向指导教师提出申请,获得批准并签订安全责任保证书后方可投宿。

（3）实习小组要建立实习生每日安全检查登记制度,对于那些不在学校规定地点按时食宿的实习生,实习小组组长应该及时报告实习指导教师并查明原因,记入实习小组日志。

（4）实习生要严格遵守因事因病请假制度,亲自办理请假手续,确有特殊情况本人不能办理时,方可请人代办。整个请假手续如下:实习生填写请假条。请假三天以内者,由实习学校及所就读学校指导教师批准;请假三天以上者,由院系主管领导加注意见,报教务处审核批准。通知实习小组后离校办事,完毕后要按时返校并告知实习指导教师或实习小组组长。

（5）注意慎重交友,不得与网友会面,不能贪图小利。许多违法犯罪分子会利用大学生社会经验不足的缺陷通过结交朋友的方式来引诱大学生上当,这些方式主要有:利用关系,骗取信任,伪装身份,直接骗钱,勒索财物等,故实习往返途中和实习期间实习生尽量不要与陌生人交往。

（6）注意保管好个人信息,遇到个人感觉意外的事情一定要先和同学以及指导教师商量,遇事要三思而后行。

（7）妥善保管好现金、贵重物品以及自己的存折、银行卡和各种证件,进出寝室要随手关（锁）门,不要带无关人员进入寝室,不得随意留宿外来人员,出行时不要携带大量的现金。

（8）认真遵守实习学校各项规章制度,积极配合学校开展各项安全防范工作,注意防火防盗,宿舍内不能使用大功率电器,严禁实习生在实习学校做饭。遇外部滋扰、盗窃等应及时向学校安保部门报告。

（9）严格遵循实习纪律,遵守大学生行为规范,不得参与传销等不法活动。

（10）实习期间定期与学校和家长保持联系。

## 2. 工作安全

在教育教学工作中实习生随时都有可能遇到一些突发教育事件,此时大家要沉着应对,注意预防,确保教育教学实习工作有序进行。在这方面,要注意以下几点。

(1)遇事要克制、冷静,尤其是在遇到调皮学生、屡教不改的学生时要沉得住气,尽可能不要在课堂上和学生发生口角或冲撞,而要在课后选择适当时机和当事学生展开对话,对其进行心理与思想方面的疏导,切忌体罚或变相体罚学生,以防失手造成严重后果,给学生造成人身或精神伤害,影响自己的工作与前程。

(2)事先熟悉实习学校的偶发事故上报与处理常识,在遇到偶发自然灾害,如火灾、水灾、地震,人为突发教育事故,如学生食物中毒、校外人员在学校滋事挑衅以及学生课堂发病等事故时,实习生要沉着冷静,及时向学校发出救援信息,在第一时间上报学生受害情况,同时坚守工作岗位,不惜一切代价保证学生人身安全与公共财物安全,尽可能减少师生与学校可能受到的危害或不法侵害。在应对偶发事故时,实习生要灵活、机智,处事要以大局为重,以学生和人身安全为重,及时对教育事故做出自己的判断并形成对策。在接受相关部门事故调查时,实习生要做到不瞒报、不谎报、不缓报,也不得接受任何人授意去隐瞒、缓报、谎报突发教育事件,及时将实情向学校、家长汇报。

(3)经常对学生开展安全知识教育,对于学生中出现的安全隐患要定期排查,定期处理,个人能力范围内不能解决的事情要上报学校,请求他们及时予以解决。

### 3.交通安全

在往返实习学校及在实习地生活期间,实习生要时刻谨记交通安全,注意以下要求。

(1)不得乘坐非法运营车辆、无牌照车辆,晚间出行坚持乘坐公交车辆,尽可能少乘坐出租车,上车购票后注意索取车票。不要购买票贩子的车票,以免上当受骗买到假票。

(2)在乘车途中时刻提高警惕,确保自己的财物与人身安全,对可能发生的不安全事故要有充分的心理准备,事先做好各项准备。

(3)乘车途中要尽量把物品集中摆放在自己可以看得到的地方,使物品随时处在自己的视线内,不要乱堆乱放,以防下车时落下物品。上下车前后一定要将自己的东西清点一下,然后再落座或下车。

(4)在购票时要事先备好零钱,将暂时不用的钱及贵重物品清点整理好,放在身上或其他可靠地方。不要当众频繁地打开自己的钱包,以免暴露给他人,引人产生歹心。

(5)一旦受到不法侵害或财物丢失,要及时大胆地向车(船)上的公安人员或乘务员报告、检举作案嫌疑者,并尽可能争取其他旅客支持,共同制服违法犯罪分子。

(6)个人骑自行车时,注意遵守交通安全,宁停三分不抢一秒。

(7)没有特殊原因返校途中必须结伴而行,同学之间要相互照顾,互相提醒,遇到事情团结一心,共同对付不法分子、不法事件。

# 三、校外活动开展的程序

校外集体教育活动是一项中学生喜闻乐见的教育内容,是彰显中学生个性,培养中学生兴趣,培育团队合作意识,进行集体教育,凝聚班集体的有效途径。中学生经常开展的校外集体教育活动形式多样,如看电影、野外拓展训练、爬山、野炊、参观考察、社会公益服务活动、校外德育活动、学生春游秋游等。这些集体教育活动是促使学生全面发展、健康成长的重要环节,是学校教育教学活动不可或缺的部分。但在教育实践中,由于考虑到安全等原因,教师对学校集体教育活动的组织与开展慎之又慎,使其成为一项很棘手的工作。在校外集体教育活动开展中,实习生一定要严格按照以下程序进行。

1. 一般情况下,禁止实习生组织学生开展校外集体教育活动。如果属于学校教育工作整体安排,确实需要开展集体教育活动的,实习生一定要提前向实习学校领导提出申请,征得同意并提出切实有效的安全防范措施后方可开展。在正常情况下,大家开展的校外集体教育活动应该是实习学校要求班级必须开展的教育活动项目。

2. 在开展远程校外集体教育活动时,实习生应该尽可能征得学生家长的同意,并通过书面方式取得家长联系和配合之后方可带领学生参加活动。同时要求家长做好对孩子的行前安全教育工作,确保整个集体教育活动有序开展。

3. 在开展集体教育活动过程中,实习生要对学生集体纪律加以强调,提出集体活动中明令禁止的行为;要充分依靠班干部的力量来落实安全责任制,及时清点学生人数,以小组为单位开展各项活动,防止学生走散;如果需要集体乘车,教师一定要提醒学生在车停稳后有序下车,坚决制止拥挤行为。在集体教育活动中,要随时提醒学生注意安全,注意集体纪律,搞好同学关系,注意集体团结,相互了解体谅。

4. 在集体教育活动完毕后,大家要将学生统一带回学校后再解散学生,同时勿忘提醒走读学生回家注意安全。

# 四、处理问题的技巧与艺术

在实习中,难免会遇到一些令人困惑、烦恼的事情,其中实习学校实习工作安排不妥当就是其一,需要实习生运用自己的智慧来解决好这一问题。根据近年反馈的信息来看,实习学校实习工作安排不当主要表现在以下几个方面。

1. 实习学科安排不对口,不能给实习生提供恰当的专业实习岗位。

2. 实习工作安排不当,让实习生去从事一些与教学无关的教辅工作、管理工作、临时工作、闲杂工作,实习生不能从实习工作中获得个人发展与进步。

3. 天天听课,没有机会讲课上课,没有充足的教育实践机会。

4. 随意压缩或调整教育实习计划,压缩实习时间、授课节数,改变实习工作对象,改变实习工作约定的校区。

5. 实习生工作安排不明确。实习学校要么让学生坐冷板凳;要么把学生当勤杂工使用,教育实习工作无序进行,无法可依;要么把实习生当自己的老师对待,让实习生接管几个班,每天上大量的课,不按实习规律来做。

6. 实习学校给实习生安排一些与其身份不大相称或实习生难以胜任的工作,如负责学生宿舍安全管理,负责学校办公室清扫工作等。

遇到此类问题,实习生要自觉考虑从以下几个途径去解决。

## 1. 主动表现,取得信任

实习生通过主动表现,展示能力,让实习学校领导及教师相信你的教育教学能力,相信你的工作不会带给实习班级教育教学质量太大影响。实习学校领导及教师不愿意让实习生协助自己开展教育教学工作,是因为他们往往会感到实习生对他们工作的帮助不大,是可有可无的,而且甚至会怀疑实习生授课带班可能会影响自己班级的教学成绩与班级声誉。遇到这种情况,实习小组成员应一起研究找到实习工作的突破口,尽快赢得实习学校对自己的信任和理解。

## 2. 主动与实习学校领导沟通

在和实习学校领导及老师沟通时,实习生要态度诚恳,表达诚意,争取实习学校的支持与关心,避免不必要的摩擦。在交谈中,实习生要以诚恳的态度打动他们,注意说话的方式与技巧,以理服人,以情动人,不要轻言放弃,要执著坚持,有一种不达目的不罢休的精神。在万不得已的情况下,实习生可以请实习指导教师或学院实习工作负责人出面协调。

## 3. 注意细节,树立威信

注意教育教学细节,树立实习生在实习学校教师群体中的口碑与威信,赢得他们的好评和信任。一旦实习学校交给实习生一项工作,哪怕再小也要把它干好、落实好,多下工夫,勤于钻研,追求创意,让实习学校相信你的实力,愿意把教育教学重担让你来挑。

## 4. 加强训练,提高整体教育教学水平

磨炼教育教学基本功,开展针对性辅导,确保实习小组的整体教育教学能力的提高。有时,实习学校不愿意让实习生放手开展实习工作的原因之一就是部分实习生教育教学水平太差,无法适应现代教育工作的起码要求。在这种情况下,实习小组要针对个别实习生开展专项辅导与训练工作,迅速改变这一现状,从而提高实习小组对学校教育教学工作的整体承担能力。

## 5. 处理好与实习学校领导、教师的关系

在工作中,要经常与实习学校领导、教师打招呼,虚心向他们请教教育教学问题,共同探讨教学难题,尊重他们的教学经验与独特教育见解,在班级日常教育教学工作上主动出手相助,在节假日

主动向他们赠送小纪念品等等,这都是一些增进实习生与实习学校教师关系的有效方式。实习生要时刻记着:自己是来向基层教师取经的,他们没有理由轻易地把严肃的教育教学工作交给实习生去做,实习生只有付出必要的努力才能争取到这一实习锻炼、专业提高的机会。

# 五、与导师关系的处理

在教育实习中,学校采取"双导师制",特意为每一位实习生配备了两名导师:一位是大学指导教师,一位是实习学校指导教师,他们共同承担着指导实习生专业成长的任务。相对而言,两位导师在教育实习中承担着不同的分工:大学指导教师的指导任务主要体现在对实习生进行专业的教学理论指导与日常生活事务管理上,实习学校指导教师的主要任务是对实习生进行教学实践方面的具体指导。在实习学校指导教师配备上,有些学校可能会给实习生配备两名实习指导教师:一位专门负责对实习生进行班级管理方面的指导工作,一位专门负责对实习生进行学科教学实践方面的指导工作。这样,每位实习生可能会有三名指导教师。在教育实习中,无论是面对哪位导师,大家都要注意从以下三个方面入手来协调好与导师的关系,确保教育实习工作顺利开展。

## 1. 要尊重指导教师

指导教师是实习生教育知识、教育经验的来源,是实习生教育实习工作的积极支持者和热情服务者,他们作为"人师之师"德高望重,理应受到每一位实习生的尊重。对指导教师的尊重体现在一系列教育活动细节上,譬如,在遇到教育难题时主动征询他们的意见与建议,认真听取他们的教导,遵循他们提出的教育实习要求,尊重他们的劳动成果,在工作中产生误解时,要注意处理方式,在言语措辞上有礼有节,要表现出一种儒雅风度,等等。

## 2. 要关心理解指导教师

在实习工作中,每一位指导教师都很辛苦,他们不仅要做好教育实习相关工作,时刻为实习生的教学工作与实习生活操劳烦心,而且还要完成日常的教育教学、科学研究工作,甚至还要考虑自己的家庭。指导教师工作是繁忙、烦心、费神的一项工作,实习生一定要善于站在他们的立场上来思考问题,自己能够克服的困难一定要自己努力。在必要的情况下,要提高自己的自我管理能力与教学工作能力,尽可能减少指导教师的工作压力与精神负担。尤其是在指导教师最为繁忙、辛苦的时期,实习生应该善解人意,用恰当的方式、语言、行为来关心指导教师,帮他们分担一部分工作负担。

### 3. 要多和指导教师交流

实习生的专业成长不仅来自课堂教学实践,还来自与指导教师的平常接触中。指导教师就是实习生学会教学、学会教书的信息来源。在指导教师空闲的时候,实习生要抓住时机与他们探讨自己在教育实习中遇到的困惑与问题,抓住时机向他们请教,不错过学习机会。在日常实习生活中,实习小组要创造条件,以开展实习活动为平台,邀请指导教师现场指导,为指导教师表达教育经验、介绍最新教育理念创造机会。

# 六、实习小组的建设

实习小组是学校教育实习工作的基层组织,是实习生开展教育实习工作的基本组织形式。一般情况下,只要在同一实习学校的实习生达到了 3 人,就可以成立实习小组,接受学校的统一领导,有计划地开展相关实习工作。实习小组的建设是确保整个教育实习工作优质高效的重要依托,是促使实习生群体专业成长的纽带。在实习小组中,所有实习生共同学习、相互切磋、经验共享、相互借鉴是确保整个教育实习工作有条不紊推进的坚强堡垒。从某种意义上说,实习小组建设事关整个教育实习工作的成败,是学校教育实习领导小组落实各项实习要求,完成各种实习任务,达到预定实习目标的机构依托和入手点。

实习小组建设主要包括以下内容。

### 1. 开展实习小组组织建设

实习小组要想运作高效,就必须建立健全组织系统与指挥系统。遴选小组组长,成立小组领导机构,选拔各项事务的具体负责人,形成分工明确、协调有力、相互配合的实习组织系统,这是实习小组建设的首要内容。为此,实习小组成员应该严格按照学校实习小组的组织原则、实习小组组长的要求开展实习小组组建工作,以便将那些作风正派、工作能力强、具有奉献意识的实习生选拔到组长的岗位上来,以便实习小组工作顺利开展。

### 2. 建立定期集会交流制度

实习小组应该按照学校实习工作的阶段性要求与教育实习工作的节奏,形成定期的集会制度,对集会时间、规模、内容、程序、参加人员等提出明确要求,为小组内成员定期开展经验交流、切磋探讨、学习提高搭建平台。

### 3. 做好实习工作的上情下达、下情上传工作

实习小组要及时收集学校对教育实习工作的要求、信息、通知,及时收集实习学校对实习小组的反映、指导性建议,并及时向实习小组成员传达,做好相关解释性工作,确保上级的实习要求与指导在实习小组中得以实现。同时,实习小组组长还要注意收集实习小组对学校实习管理工作、实习学校指导工作的建议与期待,以帮助管理者与实习指导单位完善实习管理方式,提高教育实习效能,确保整个教育实习工作达到预期目标。

# 七、生活及食宿的安排

### 1. 实习期间生活及食宿管理的重要意义

在教育实习期间,除了参与紧张而繁忙的教育教学实习工作

之外,实习生面临的一项重要内容就是饮食与住宿。严格遵循学校对实习生食宿管理的基本要求,确保实习生活安全、有序地展开,是保障整个教育实习工作有条不紊、如期完成的坚强后盾。学校对实习生提出的各项食宿管理规定是从实习工作的大局和师生人身安全需要出发,并结合教育实习工作的特点而制定的。它们是为实习生的教育实习生活服务的,是确保实习期间实习生生命安全、财物安全、身心健康的制度保障。遵循各项食宿管理规定既是每一位实习生的义务,又是大家创建和谐、有序、温馨的生活环境,对自我、对师长、对学校负责的表现。一句话,严格遵循学校食宿管理的各项规定是整个教育实习工作平稳推进的客观要求,是实习生提高实习生活质量的根本要求,是实习生度过一段美好、充实的实习生活的内在需要。

### 2. 对实习生食宿管理的总体要求

为了从宏观上指导实习生在教育实习期间的食宿安排,学校向所有实习生的食宿管理工作提出以下三点要求。

(1)坚持集中食宿、在校食宿的原则

实习期间,实习生要服从本校与实习学校的统一食宿安排,一般情况下全体实习生在实习学校餐厅就餐,在实习学校内住宿,同实习学校的教师生活在一起,以便于实习工作的开展,确保自己的食宿安全。如果实习学校中教师餐厅与学生餐厅是相对独立的,在实习学校教师就餐条件允许的情况下,大家应尽可能在教师餐厅就餐。如果实习学校的确不具备就餐和食宿条件,实习生应该以实习小组为单位,在实习学校的配合下,积极联系学校附近的具有国家规定的经营资质、卫生条件达标的社会餐厅、宾馆进行集体就近食宿。未经学校同意,任何实习生不得个人单独就餐、自由住宿,不得随意在校外吃零食、小吃,杜绝在经营证件不全的个体摊点用餐。在食宿安排方面,如若出现某一实习生我行我素,不遵守学校安排的情况,实习小组组长应该及时向指导教师报告,为每一位实习生的食宿安全负起责任来。走习的实习生也应该尽量坚持集中食宿的原则。如果实习学校距离本校的距离在10公里以内,走习实习生应坚持在学校食宿,或在实习学校吃午餐、在本校吃早餐和晚餐。

（2）坚持有序用餐、文明用餐的原则

在实习学校用餐时，实习生要注意自我形象和职业角色，严格遵循餐厅的文明公约、管理规定，维护学校的社会形象和办学声誉。实习生下要按顺序进入餐厅，排队取饭，到固定的座位就餐。吃饭时注意形象，做到举止文雅、注意细节、得体大方。在取饭时要适量，能吃多少就盛多少，尽可能不留剩菜、剩饭、剩汤。如确实有剩饭，不得随便抛撒剩余饭菜，应按照餐厅要求到指定地方倒掉。

（3）积极创建卫生安全、和睦相处的宿舍文化

在实习期间一般住在集体宿舍，在集体生活中实习生一定要注意个人生活方式，尊重舍友的生活习惯，相互合作、支持、体谅，努力将宿舍建设成为服务于实习生学习、生活、研讨工作的温馨家园。

在作息时间安排方面，一个宿舍要尽可能做到"两统一"，即统一学习时间、统一休息时间。实习小组组长要自觉担负起宿舍舍长的职责，在征集全体舍友意见的基础上形成宿舍生活的一些制度、规定或约定，以之作为全体实习生共同生活的规范，以免个别实习生的不良生活习惯影响他人的学习与休息。每一个实习生都要自觉按照共同约定来改变自己的一些不良生活习惯，为整个实习小组的共同进步着想。

在生活卫生方面，每个宿舍都应该建立起个人卫生制度和卫生轮值制度。在个人卫生上实习生应坚持每天早晚刷牙漱口，洗脸洗脚，坚持定期开展卫生大检查，督促卫生较差的实习生不断改进。在集体卫生上，值日生要坚持每天打扫宿舍卫生 2—3 次，负责检查其他同学的物品摆放、纪律秩序、卫生清扫、消防安全等情况，及时提醒做得不到位的同学叠好被子、整理好床铺和生活用品，督促个别组织性差的同学注意遵守宿舍集体生活规定，切实搞好宿舍的日常内务管理。

在平时生活中，实习生之间要友爱相处、相互帮助、团结一致。当有同学遇到困难或生病时，全体同学要尽力帮助、相互照顾、相互体谅。每个同学都要学会换位思考，时时处处为同宿舍其他同学着想，涉及个人利益问题时要学会谦让，先人后己，努力创建一个和谐、温暖的集体。

在宿舍安全方面,宿舍舍长要做好安全常识的宣传工作,让大家注意防火、防盗、防触电、防侵害、防食物中毒。全体同学要严格遵循实习学校的宿舍管理规定,宿舍内不准私自接电源、安装插座、使用插座接线板,严禁使用大功率禁用电器,如电炉、电吹风、电热杯、电炖锅、电热毯、电烫斗、取暖器等和无"3C"认证的电器产品。在宿舍内禁止点蜡烛、烧东西或烤火取暖、抽烟,不准携带易燃、易爆、有毒物品等进入宿舍。实习生要经常检查安全通道,严禁在走廊、过道、门口和消防通道处停放车辆、堆放物品。出入宿舍要记住随手关门,经常检查锁具的安全状况。个人贵重物品,如钱包、笔记本电脑等要注意妥善保管,能够随身带走的尽可能随身携带。一般情况下,未经舍长同意,不得随意带陌生人进入宿舍,尤其是不能随意将宿舍钥匙交给一些不明底细的人。

### 3. 实习生食宿管理的基本要求

在教育实习期间,学校要求每一位实习生在日常生活中切实遵循以下具体规定。

(1)按实习学校规定的宿舍、床位入住,不准私自更换宿舍和床位,严禁爬墙、爬门、爬窗进出宿舍,不准上宿舍楼顶。

(2)早晨、午休时间按时起床,不准上课迟到,不准无故在宿舍睡懒觉、上网、看电视,午休时间不得从事打扑克、下棋、打球等活动,保持室内安静;晚上要按时熄灯,熄灯前抓紧时间处理洗漱等生活琐事,熄灯后不准在宿舍内随意走动,严禁做诸如串宿舍、高声谈笑等影响他人休息的事,严禁在宿舍走廊内高声喧哗、起哄、打闹、追赶、打球等,严禁无故夜不归宿和迟归。

(3)爱护宿舍内的一切设施,节约用水用电,严禁在宿舍墙上乱写乱画乱贴,严禁在宿舍周围乱扔垃圾、杂物。破坏宿舍公共设施要主动照价赔偿。

(4)在宿舍内讲文明,讲礼节,严禁喝酒、吸烟、赌博或变相赌博,同学之间要团结友爱、互相帮助、不准打架斗殴,不准造谣中伤他人。

(5)除周末和学校统一安排外,其他时间不准私自外出、外宿、回家、访友,若有特殊情况不能回宿舍休息的,必须事先向实习小组组长和指导教师请假,获得允许后方可离开宿舍。

（6）离开宿舍时要关好电灯和电风扇开关,拔掉在插座上的电器插头,宿舍内的用电器如电风扇、电灯、插座、开关、电线路等出现故障要及时报修,严禁私自动手维修。

（7）养成良好的个人卫生习惯,及时换洗衣服和被褥,爱护公共卫生环境,保持良好的宿舍生活环境。

（8）实行卫生轮值制,值日生每天按要求打扫宿舍卫生,每周开展集体卫生大扫除一次。

（9）遵守舍长和实习学校宿舍管理要求。当值日生期间,做好值日工作,发现问题及时向有关领导汇报。要关好门、窗,谨防被偷。如发现偷窃事件,应保护现场并及时报告。

（10）未经舍长同意不得在宿舍内接见来访人员,确实需要会客的要征得舍长和宿舍其他同学的同意。

（11）在实习学校住宿期间不准私自到江、河、塘等处游泳。

（12）科学安排自己的饮食,注意营养搭配,始终把食品卫生与安全放在第一位,不得乱吃零食,坚持按时进餐,形成合理的、有规律的饮食习惯。

（13）遵守就餐秩序,取饭时自觉排队,不拥挤,不喧哗,取饭适量,节约粮食,进餐时注意形象,不乱倒剩饭。

（14）严禁在校外自由食宿,遵守学校的食宿管理规定。

# 八、经费的使用与管理

教育实习是师范生培养过程中十分重要的环节,是师范生的一门必修课。充足的经费是师范生教育实习工作顺利进行的重要保障,规范科学的经费管理是提高经费使用效率和教育实习质量的重要保证。

## 1. 教育实习经费使用的基本原则

（1）限额分配

实习中,学生交通费及带队教师交通费,根据学校的财务制度和实习基地距离学校的远近等实际情况,确定最高限额,在最高限额以内统一领取支配,实报实销。

（2）部分包干

实习单位教学指导费、班主任指导费、食宿管理费、办公资料及综合管理费等,由学校进行统一固定发放,在适用范围内支配。

（3）专款专用

为师范生教育实习经费建立独立的项目经费卡,只限用于师范生教育实习费用的支出。

（4）超支不补

在教育实习过程中,实际发生的超出经费构成范围和经费使用标准的费用,学校不予补贴,全部自理。

## 2. 教育实习经费的构成

教育实习经费包括包干经费、学生交通费、带队教师差旅费和带队教师补助等。

（1）包干经费

包括实习单位教学指导费、班主任指导费、食宿管理费、办公资料及综合管理费,以领代报。包干经费禁止挪用,需保存相关票据以备后查。教学指导费、班主任指导费、食宿管理费由指导教师统一交实习单位;办公资料费统一由指导教师管理,主要用于实习期间学生的办公用品等零星支出;综合管理费由学生所在学院掌握,主要用于学院建立实习基地,联系实习基地,护送、检查看望、接回实习生等相关支出。

（2）学生交通费

实习生的交通费在实习结束后由带队教师统一在教务处审核后到财务处报销。市区以外(市外省内、省外)学生交通费,按学校财务处相关规定和标准报销实习地与学校间往返车票(公交车票、长途汽车或火车硬座)一次;市区学生交通费按照一定标准包干,由财务处一次性打到学生的银行卡中。

(3)带队教师差旅费

市内带队教师交通费按一定标准包干,以领代报;市外带队教师交通费按学校出差标准,报销三次实习地与学校间的往返交通费。

(4)带队教师补助

带队教师补助具体包括通讯补贴、伙食补贴、实习点间交通补贴,按市内、市外省内和省外三个标准发放,均按 4 个月 120 天计算。

(5)散点实习学生,一切费用自理

### 3.教育实习经费管理

(1)师范生教育实习经费由教务处统一管理,独立设卡,专款专用。

(2)包干经费的使用

① 教学指导费、班主任指导费、食宿管理费及学生办公资料费。实习前,由指导教师统计出本实习点学生数,按照实际情况填写《陕西师范大学教育实习包干经费(教学指导费、班主任指导费、食宿管理费、办公资料费)支取表》,报教务处教学科审核后,开具报销单,到财务处办理领款手续。其中教学指导费、班主任指导费和食宿管理费交实习学校,由实习学校填写《陕西师范大学教育实习基地学校收款签收单》并盖章;办公资料费由指导教师填写《陕西师范大学教育实习办公资料费支出详单》,返校后连同相关票据一并送教学科备案。

② 市内走习学生的交通费。由指导教师填写《免费师范生市内实习学生交通费补助发放表》,经教务处审核后,由财务处一次性打到学生的银行卡中。

③ 综合管理费。实习前由各学院统计出本院参加实习的学生的人数,按照实际情况填写《陕西师范大学教育实习包干经费(学院综合管理费)支取表》,报教务处教学科审核后,开具报销单,到财务处办理领款手续,由教学副院长负责经费使用。实习结束后,由学院列出经费支出清单,经学院主管领导签字后,连同相关票据送教学科备案。

④ 市内走习指导教师交通费。指导教师在领取学生包干经费

时,由教学科开具报销单到财务处办理领款手续。

⑤ 指导教师补助。由学院按《办法》补助标准,填写《陕西师范大学教育实习指导教师补助发放表》,经指导老师签名、学院主管领导确认、教学科审核后,开具报销单到财务处办理领款手续。

实习结束后,牵头学院要派专人负责做好实习经费的统一报销工作。同时,各学院要对教育实习经费使用情况进行决算,统计出本单位总支出情况,在实习工作结束两个月内完成报账工作。

### 4. 教育实习经费办理的基本流程

办理清款报销手续,须提供教育实习计划(一式三份),并经学院签字盖章。

(1)学生交通费和指导教师交通费

① 市外实习学生交通费和指导教师交通费。由指导教师到教学科分别开具请款单,教务处负责人签字盖章后,到财务处办理借款手续。

② 市内实习学生交通费和指导教师交通费。由指导教师填写《免费师范生市内实习学生交通费补助发放表》,加盖学院公章,到教务处开具报销单,送交财务处打到学生的银行卡中。指导教师交通费由教师填写领款单,到教务处开具报销单后,到财务处办理报销领款手续。

(2)学生实习包干经费

① 由指导教师根据实际情况填写《陕西师范大学教育实习包干经费(教学指导费、班主任指导费、食宿管理费、办公资料费)支取表》,按照住习或走习标准支取包干经费,表格各打印一式三份,经学院主管领导签字加盖学院公章后,到教学科开具报销单。教务处负责人签字盖章后,连同实习计划(加盖学院公章、教务处公章)一并送财务处办理领款手续。

② 由学院教育实习计划小组工作人员根据实际情况填写《陕西师范大学教育实习包干经费(学院综合管理费)支取表》,打印一式三份,经学院主管领导签字加盖学院公章后,到教学科开具报销单,教务处负责人签字盖章后,连同实习计划(加盖学院公章、教务处公章)一并送财务处办理领款手续。

### 5. 实习经费使用中的注意事项

（1）按照实习计划提前预算各种实习经费；

（2）实习前办理好相关经费的审批和领报手续；

（3）注意经费的妥善保管和按规定使用；

（4）到实习学校后，尽快向实习学校移交相关实习费用；

（5）保存好实习中的相关票据；

（6）实习结束后尽快清理实习手续，完成实习报账手续；

（7）实习经费的使用要做到公开透明，节俭高效。

# 参考文献

[1]陈晓端.有效教学的理论与方法[M].长春:东北师范大学出版社,2010.

[2]李录志.师范生职业生涯规划与发展[M].西安:陕西师范大学出版社,2009.

[3]周跃良.教育实习手册[M].北京:高等教育出版社,2010.

[4]魏艳.我国高师院校地理教育实习模式研究[M].成都:四川师范大学出版社,2007.

[5]朱绍禹.教育实习全程解说(师范院校学生读本)[M].太原:山西教育出版社,2005.

[6]翟宝清.教育实习概论[M].西安:陕西科学技术出版社,2001.

[7]刘彩霞.语文教育实习课程论[M].人民教育出版社,2001.

[8]教育实习工作手册.http://www.doc88.com/p-19012801155.html,2008-6-5.

[9]罗平.三段式教育实习——一种新型教育实习模式[J].雁北师院学报(文科版),1997(4).

[10]朱玉票,刘宾新.新课程视野里的教育实习:理念与模式的嬗新[J].巢湖学院学报,2006(6).

[11]陈文涛,刘凯."三结合、双协同"教育实习模式的探索与实践[J].南阳师范学院学报(社会科学版),2008(4).

[12]王跃光.高师院校教育实习模式研究[J].教育探索,2008(7).

[13]张伟坤."混合编队"教育实习新模式的探索与实践[J].韶关学院学报·社会科学,2007(10).

[14]马兆来.浅谈说课与备课、讲课的关系[J].科教文汇,2009.6.

[15]叶惠良.论说课[J].教育探索,2005(1).

[16]景爱华. 浅谈新课程的听课评课. http://www. vastman. com/Article/jiaoxue/ zonghe/9278. html,2007 - 7 - 7.

[17]邵洪波."说课"中不能忽视说学情[J]. 教学与管理,2004 (2).

[18]卢宝华. 向评讲课要效率[J]. 教学与管理,2010(10).

[19]龙宝新. 论"课"的深层意蕴及其理想构成要素[J]. 教育科学论坛,2011(5).

[20]李玲. 高师学生教育实习:沿革、地位、作用[J]. 遵义师范学院学报,2006(4).

[21]教育实习工作手册. http://www. doc88. com/p - 19012801155. html,2011 - 7 - 3.

[22]高中生物说课稿模板. http://gaokao. zxxk. com/Soft/ 1105/1703046. shtml,2009 - 7 - 5.

[23]中学生常见心理问题辅导. http://wenku. baidu. com/ view/81d467e9856a561252d36ff1. html,2010 - 6 - 5.

[24]陈玲. 试论有效的课堂教学评价[J]. 当代教育论坛, 2007(11).

[25]王玉敏. 为教师服务——浅谈有效的教学管理. http:// blog. sina. com. cn/s/blog_67cbdea50100iau9. html,2010 - 5 - 14.

[26]北京师范大学教务处.北京师范大学本科生教育实习评价表. jwc. bnu. edu. cn/docs/20101109151358956986. doc 2010 - 11 -9.

[27]福建师范大学教务处.本科学生教育实习手册. music. fjnu. edu. cn/dw/upload/2010 - 11/10112,2010 - 11 - 23.

# 后 记

创新型国家建设需要创新型人才,创新型人才培养需要创新型教育,创新型教育离不开创新型、高素质教师。免费师范生教育作为一项举世瞩目的"总理工程",是新时期国家振兴教育事业,发展基础教育,增强综合国力以及建设创新型国家的重要组成部分,是培养造就未来优秀教师和教育家的重要举措。

教育教学实习是师范生培养过程中十分关键的环节。我校在《教育部直属师范大学师范生免费教育实施办法(试行)》(国办发[2007]34号)与《关于大力推进师范生实习支教工作的意见》(教师[2007]4号)文件精神的指导下,大力开展教育教学改革,优化人才培养方案,强化实践教学环节。2010年秋季进行的我校2007级首届免费师范生教育实习取得了圆满成功,得到了教育部、实习学校和社会的普遍赞誉,同时也积累了大量的实习管理经验。为使我校今后的师范生教育实习更加科学规范地开展,帮助师范生迅速了解教育实习并尽快进入实习角色,更好地进行教育实习工作,切实提高教育实习质量,我校特组织编写了《免费师范生教育实习指导手册》系列丛书。

《学科教育实习指南 通识》一书面向全体师范生,旨在使所有师范生的教育实习得到通识性指导。全书除绪论外共分七个专题,这些专题按照实习进展的时间和工作先后顺序分别展开,它们依次是:实习准备篇、入校见习篇、教学实习篇、班级管理篇、教育调研篇、实习结束篇和注意事项篇。

在该书出版之际,我们要感谢陕西师范大学教师教育研究项目对该书出版的资助,感谢陕西师范大学出版总社有限公司高教分社的老师们对本书出版付出的不懈努力。同时,也感谢陕西师范大学各位同行专家对本书编写提出的十分宝贵的意见与建议。在本书编写过程中,借鉴和吸纳了诸多专家学者的研究成果,对此我们致以诚挚的谢意,恕不一一注明。

本书结构和整体框架由李贵安和龙宝新设计,编写的具体分工是:绪论和后记由李贵安执笔,专题一至专题五由龙宝新执笔,专题六由衡旭辉执笔,专题七由李铁绳执笔,最后由李贵安统稿校对。

由于教育实习实践改革在不断进行和发展,其内涵和过程也在不断丰富,本书的编写一定有诸多疏漏与不足,恳请广大读者对书中的错误及不当之处给予批评指正。

编 者
2012 年 2 月